A HISTÓRIA POR TRÁS DA MÚSICA

A HISTÓRIA POR TRÁS DA MÚSICA

As histórias que deram origem às canções de um dos mais conhecidos nomes da música cristã brasileira

Rio de Janeiro, 2019

Copyright © 2019 por Asaph Borba.

Todos os direitos desta publicação são reservados por Vida Melhor Editora, S.A. As citações bíblicas são da Almeida Revista e Atualizada, a menos que seja especificada outra versão da Bíblia Sagrada.

Os pontos de vista desta obra são de responsabilidade do autor, não refletindo necessariamente a posição da Thomas Nelson Brasil, da *HarperCollins Christian Publishing* ou de sua equipe editorial.

Publisher	*Samuel Coto*
Editores	*André Lodos e Bruna Gomes*
Revisão e pesquisa	*Lígia Rosana Borba*
Edição de texto	*Giuliana Castorino*
Copidesque	*Carla Morais*
Revisão	*Sônia Duarte e Francine Souza*
Diagramação	*Sonia Peticov*
Capa	*Rafael Brum*

CIP–BRASIL. CATALOGAÇÃO NA FONTE
SINDICATO NACIONAL DOS EDITORES DE LIVROS, RJ

B718h
    Borba, Asaph, 1958
      A história por trás da música: as histórias que deram origem às canções que marcaram a música cristã brasileira / Asaph Borba. – Rio de Janeiro: Thomas Nelson Brasil, 2019.
    288p.

    ISBN 978-85-7167-016-7

1. Música popular cristã – Brasil 2. Borba, Asaph, 1958 – Discografia – História
3. Borba, Asaph, 1958 – Músicas – História I. Título

19-0327
                                        CDD: 781.7
                                        CDU: 783

Thomas Nelson Brasil é uma marca licenciada à Vida Melhor Editora S.A. Todos os direitos reservados à Vida Melhor Editora S.A.
Rua da Quitanda, 86, sala 218 – Centro
Rio de Janeiro – RJ – CEP 20091-005
Tel.: (21) 3175-1030
www.thomasnelson.com.br

Todas as canções cujas histórias são narradas neste livro estão reunidas no álbum *A História por Trás da Música*, disponibilizado pelo autor em todas as plataformas digitais. Para acessá-lo basta escanear o QR Code abaixo com a câmera do seu *smartphone*.

Sumário

Introdução   11

Canção 1
Cristo, esta chuva que cai   15

Canção 2
Jesus, vem agora   18

Canção 3
Verdade e luz   22

Canção 4
Selah (Salmo 67)   26

Canção 5
Amor – 1Coríntios 13 (Ainda que eu fale)   30

Canção 6
Eis que estou à porta e bato   34

Canção 7
Irmãos e irmãs   37

Canção 8
Na estrada de Jerusalém (Que posso eu fazer)   41

Canção 9
Profecia (Meu Santo Espírito)   46

Canção 10
Tu és Senhor (Senhor, me alegro em ti)   50

Canção 11
Ensina-me   54

Canção 12
Minha vida em teu altar (Coloco minha vida)   59

Canção 13
Aleluia (Canto a ti, Senhor, esta canção)   63

Canção 14
O meu louvor (O meu louvor é fruto) 67

Canção 15
Adoramos 71

Canção 16
Estou edificando a minha Igreja 74

Canção 17
Eis-me aqui 78

Canção 18
Minh'alma engrandece (Santo) 82

Canção 19
Canto de vitória 88

Canção 20
Jesus, em tua presença (Só pra te adorar) 92

Canção 21
Cordão de três dobras (É melhor serem dois do que um) 98

Canção 22
Reina o Senhor (Salmo 99) 102

Canção 23
O Senhor é o meu pastor (Salmo 23) 109

Canção 24
Pequeninos 112

Canção 25
Alto preço 116

Canção 26
Infinitamente mais 124

Canção 27
Povo livre (Nós somos o povo) 129

Canção 28
Dia de júbilo (Este é o dia) 134

Canção 29
Te contemplo, ó Pai (Te contemplo) 138

Canção 30
Jesus, a rocha eterna (Rocha eterna)   143

Canção 31
Amigo verdadeiro (Tu és a fonte de vida)   147

Canção 32
Serviço (Quando olho pra mim mesmo)   151

Canção 33
Joguem as redes no mar   155

Canção 34
Família, um projeto de Deus   159

Canção 35
Yeshua Ha Mashiah (*Ieshuah Ha Mashiah*)   163

Canção 36
Jesus   168

Canção 37
Nos braços do meu Pai   173

Canção 38
Superabundante graça   181

Canção 39
Você é importante pra Deus (Sua vida é pra Deus)   185

Canção 40
Eu e a minha casa   190

Canção 41
Há muito mais   193

Canção 42
Ano do jubileu (Este é o ano do jubileu)   197

Canção 43
Deus é fiel   201

Canção 44
A cada manhã   207

Canção 45
Melhor é dar   212

Canção 46
Agora eu posso entrar 216

Canção 47
Vestes de louvor 220

Canção 48
Eu nasci para adorar 225

Canção 49
Boas-novas 229

Canção 50
Aos seus amados, Deus dá enquanto dormem 234

Canção 51
Meu coração é teu (Quanto ao Senhor) 240

Canção 52
A chama nunca se apaga 244

Canção 53
Não deixes teu sonho morrer 248

Canção 54
Deixa a tua luz brilhar 253

Canção 55
Quero ser encontrado fiel 257

Canção 56
Rastros de amor 261

Canção 57
Quando a fé se torna amor 266

Canção 58
O que eu quero ser 269

Canção 59
Toquei nas suas vestes 273

Canção 60
Espírito Santo 276

Epílogo 281
Álbum do livro 283

Introdução

Um dia, de noite, eu fui
Brincar à beira do mar
A lua também queria
E começou a brilhar!

As estrelas no céu queriam
Comigo também brincar
Brincavam junto com a lua
E eu à beira do mar!

ASAPH BORBA – 1966

Muitas pessoas já me haviam dado a ideia de escrever este livro, inclusive minha esposa, Lígia Rosana, e meu amigo e editor, Claudinei Franzini. Eu mesmo havia pensado inúmeras vezes nisso, inspirado por blogs e livros de artistas e de grupos populares, em que as histórias e as motivações por trás das canções são narradas com entusiasmo e nostalgia.

O tempo foi passando e outros projetos se colocaram à frente deste. Já lancei dois livros, *Adoração: quando a fé se torna amor*, e, o mais recente, *De um pai para seus filhos: conselhos primordiais para uma vida bem-sucedida*, ambos publicados pela editora Thomas Nelson Brasil. As duas obras me fizeram entrar, em um curto período de cinco anos, no concorrido mercado editorial cristão no Brasil e mundo afora, já que o primeiro trabalho foi traduzido para o inglês, árabe e espanhol, sendo, portanto, impresso nos Estados Unidos, no Oriente Médio e na América do Sul.

Há pouco tempo, minha irmã mais velha, Débora, nossa fiel colaboradora, que frequentemente ajuda a cuidar de meus filhos quando minha esposa e eu viajamos, fez renascer a ideia. Em uma tarde, enquanto batíamos um papo, ela de repente falou:

— Dego (meu apelido de infância), por que tu não escreves a história de tuas músicas? Acredito que existem fatos muito legais relacionados a elas e que podes colocar em um livro — concluiu.

Eu concordei e, por algum tempo naquela tarde, debatemos a riqueza de um trabalho literário com esse enfoque.

Inspirado pela conversa, no mesmo dia, abri meu computador e comecei a relacionar canções que foram fruto de alguma experiência de vida ou que, ao serem compostas, geraram histórias relevantes que merecem ser narradas. Assim, este projeto veio à luz e começou a brotar.

Porém, logo enfrentei um dilema: tenho cerca de setecentas músicas compostas, o que exigiria uma seleção minuciosa. O critério escolhido foi optar por aquelas cuja história tenha sido marcante para mim e para outras pessoas. Por certo, tratou-se de um trabalho árduo, mas prazeroso. Misturei sorrisos com lágrimas ao relembrar e narrar fatos, sobretudo aqueles que nasceram de situações difíceis da vida, mas que me fizeram ver a marca da presença de nosso amado Deus, traduzida em vitórias, crescimento e consolo.

Quero, sem dúvida, honrar os eventuais protagonistas das histórias aqui contadas. Apoiado por minha memória, que ainda considero boa, pretendo ser criterioso ao lembrar as circunstâncias, o local, os sentimentos e as motivações que inspiraram as canções. Algumas narrativas são curtas, outras mais longas, mas todas revelam uma experiência profunda e inesquecível.

Desde criança, eu canto melodias e escrevo pequenos versos, como aquele citado no início desta introdução e que, pelo que me recordo, é minha primeira canção. Compreendi muito cedo a relação entre ser inspirado por alguém ou algo e escrever uma música. Cada poesia ou melodia expressa a maneira como percebi e assimilei a vida ao meu redor. Tenho a impressão de que Deus fala comigo cantando.

Mais do que qualquer outra coisa, o céu se revela a mim por meio de música com ritmos, melodias e harmonias bem definidas. E, no meu entendimento, isso é parte da graça multiforme de Deus manifestada a seus filhos.

Para quem conhece os cânticos, ler as histórias será uma forma de agregar valor e identidade pessoal a eles. Algumas dessas músicas podem ser desconhecidas, mas outras, pela graça de Deus, foram cantadas no decorrer das quatro últimas décadas pela Igreja brasileira e mundo afora.

Além das histórias, sempre tive o desejo de escrever, em um só lugar, as minhas principais poesias feitas para Deus. Por essa razão, incluí a letra de todas as canções aqui mencionadas e convido os leitores a conhecerem as histórias existentes por trás delas.

Fiz questão de lançar, junto com este trabalho, um álbum de mesmo título em todas as plataformas digitais, no qual apresento as sessenta canções das histórias, muitas delas em sua versão original, em alusão aos sessenta anos que acabo de completar. Tudo isso para que cada leitor possa desfrutar dos preciosos momentos em que ouvi o céu cantar.

CANÇÃO 1

Cristo, esta chuva que cai

A tarde chuvosa do inverno em Porto Alegre, no Rio Grande do Sul, convidava a não fazer nada. Nessa época, minha principal atividade diurna era ir ao Centro Comercial da Azenha (um pequeno *shopping center*, o primeiro da cidade), onde se encontravam meninos e meninas das escolas do entorno.

No início e no fim das aulas, principalmente do período da tarde, o local ficava abarrotado de jovens. Meu *point* favorito era uma loja chamada J. H. Santos, pois tinha, logo na entrada, um setor de discos. Eu ficava, a tarde inteira, escutando os últimos lançamentos. Estavam entre os meus favoritos: Raul Seixas, The Beatles, Led Zeppelin, Novos Baianos, Emerson, Lake & Palmer; Jethro Tull e Cat Stevens.

A paquera com as gurias que circulavam por ali concorria com a minha sede de ouvir música o tempo todo. Na época, eu estava totalmente fora da igreja onde fora educado e, sem os limites que tive na infância longe do mundanismo, sentia-me à vontade naquele lugar.

No ano anterior, eu havia deixado o Colégio Militar de Porto Alegre (CMPA), com apenas treze anos, e não fazia nada na vida.

Minha família toda tinha se afastado por completo da vida religiosa, e éramos alvo do secularismo e da revolução cultural dos anos 1970, os quais invadiam nossa vida de forma galopante.

À noite, no entanto, o contexto de minha vida mudava. Conheci uma turma da pesada que, como eu, perambulava pela vizinhança. Eram, na maioria, desocupados, cujas principais atividades consistiam em: tocar violão, cantar, namorar e consumir todo o tipo de droga que aparecia. Com eles, a cantoria era intensa. Meu companheiro no violão — instrumento que eu já tocava com certa destreza — chamava-se Feio, não sei por quê. Se bem me lembro, ele era até simpático, vivia sempre sorrindo e cantando. Devo a ele horas e horas de aprendizado. Dedilhados e harmonias difíceis, ouvidas nos discos, ele tirava facilmente e me ensinava a tocar com paciência. Naquela turma, eu tinha um outro amigo, Rui, o único que tinha uma moto azul e branca, sonho de consumo na época. Ele me ensinou a fazer artesanato com metal e couro para vender nas praias gaúchas no verão daquele ano, com um grupo de hippies da região.

Na tarde em questão, porém, a chuva era tanta que nada me atraía. Desci ao térreo do prédio onde morava e me lembro de ter fumado alguma coisa com alguém da vizinhança. Foi quando apareceu um outro amigo, o Rodrigo. Ele tinha um violão em casa e me chamou para tocar. Era o programa perfeito para o clima daquele dia. Em sua sala, depois de tocarmos um pouco, Rodrigo deu uma saidinha para buscar cerveja. Sem companhia, passei a dedilhar o violão. Em uma rara inspiração, cantei algo que me veio ao coração de súbito:

> *Cristo, esta chuva que cai*
> *Por certo são teus olhos*
> *Que agora choram teu sofrimento*
> *Que muitas vezes esquecido por nós*
> *Te faz chorar!*

Cristo, a cruz de ontem
Não foi esquecida por nós
Pois levaremos a tua Palavra
E o teu amor a todos!

Nos meses seguintes, meu envolvimento com as drogas e com o mundo aumentou. Fora da escola e sem nenhum compromisso, minha condição errante se agravou. Contudo, essa canção ressoou durante todo o tempo em que vivi não apenas longe da Igreja, mas também sem Deus. Algo em meu coração queria encontrar o Jesus que vi chorar por mim, naquela tarde. Nessa busca por Deus, fui atraído para diferentes crenças, mas nada conquistou meu coração, o qual queria algo mais profundo, que fosse capaz de preencher o vazio que havia lá dentro.

Eu nunca havia gravado essa canção, mas a conservei no arquivo de coisas lindas e sobrenaturais ocorridas naquele período difícil de minha vida, o que culminou, mais tarde, em um encontro inquestionável com Cristo.

Cristo, esta chuva que cai

- Ano: 1973
- Compositor: Asaph Borba
- Gravação: álbum do livro *A história por trás da música*

Jesus, vem agora

Minha conversão a Cristo foi radical. Levado por um amigo da família, o pastor Erasmo Ungaretti foi duas vezes até a minha casa para falar comigo, e eu sequer tive a decência ou a coragem de abrir a porta. Mas a transformação planejada por Deus não foi impedida. Depois de muita insistência, em um sábado do mês de maio de 1974, minha mãe, dona Eduvirges Borba, me carregou até à Igreja Metodista Wesley, na rua São Vicente, bairro Rio Branco, em Porto Alegre. Lá, minha vida começou a mudar. A primeira visita foi marcada por um abraço do amável pastor, que simplesmente disse:

— Bem-vindo, Asaph! Como vais? Tua mãe fala muito sobre ti.

Minutos depois, fui encaminhado para outra sala na qual havia um piano escuro ao fundo, onde cerca de oito jovens oravam, marcando o início da reunião. Depois de uma saudação, a moça que liderava, Esly Carvalho, disse:

— Oi, Asaph! Que bom vê-lo! Sua mãe falou que você toca violão...

— Sim — respondi timidamente.

— Então, toca para nós — ela disse, surpreendendo-me.

Peguei o violão e, sem maiores dificuldades, comecei a acompanhar a música cantada por todos e que jamais esqueci: "Santo Espírito, enche a minha vida, pois por Cristo eu quero brilhar! Santo Espírito, enche a minha vida. Usa-me, as almas, a salvar!"

Eu tinha muito pouca noção do que tudo aquilo significava, mas o entusiasmo e a alegria com que cantavam logo me cativaram e envolveram. Depois de outros cânticos e de uma meditação bíblica, fui convidado para as próximas reuniões de jovens e para acompanhar o grupo que se apresentaria no culto de domingo pela manhã, quinze dias depois. Eu aceitei, visto que não fazia nada nos fins de semana, além de dormir e me drogar na rua.

Naquela época, era uma luta manter-me dentro de casa. Minha irmã Débora e eu passávamos os fins de semana com pessoas estranhas que se drogavam nas redondezas ou nas praias do rio Guaíba, que contorna Porto Alegre. Poucos dias antes, minha mãe, em desespero, tinha me buscado em uma boca de fumo, com cintadas e muito choro. Também, alguns meses antes, um acidente de automóvel, em que eu estava de carona com um desconhecido imprudente, quase me matou. O desgaste no relacionamento com meus pais era inevitável e insuportável. Parecia impossível antever uma mudança, o que, sem dúvida, tornava necessária uma intervenção divina.

Hoje, ao olhar para trás, percebo que essa transformação teve início depois daquela primeira reunião, com aqueles poucos jovens. Algo tinha cativado meu espírito. Sem que eu percebesse, aquele "Santo Espírito" realmente havia começado a trabalhar em minha vida.

Durante a semana, após a segunda reunião de jovens, senti-me totalmente desmotivado, quase deprimido, sem vontade sequer de ir à rua, como fazia todas as noites.

No domingo, com o qual me comprometi, entretanto, acordei cedo. Minha mãe me deu dinheiro para as passagens de ônibus, já que, por causa do Abner, meu irmão caçula, ela não iria ao culto da manhã. Ainda assim, eu estava inesperadamente animado! Então fui. Precisava pegar dois ônibus para chegar à igreja. Assim que desci do primeiro, na avenida Osvaldo Aranha, em frente ao Instituto de Educação, dei de cara com um traficante conhecido como Aranha, que me ofereceu maconha de graça. Fumamos um baseado e, antes da chegada do segundo ônibus, nós dois já estávamos doidos. Mesmo assim, segui para o culto e toquei violão naquela reunião. Ninguém notou nada além da euforia. Na época, eu não via nada de errado naquela atitude, mas jamais me esqueci dessa história.

Nos meses que se seguiram, tornei-me frequente nas reuniões de jovens e nos cultos de domingo de manhã daquela igreja, o que trouxe muita alegria à minha mãe. Sentia-me bem no meio daqueles jovens que com tanto carinho me acolheram. Através do amor de Deus em suas vidas, das canções que falavam desse amor e de uma paz que eu ainda não experimentara, e das orações daqueles queridos por mim, eu fui sendo conduzido pelo Espírito Santo a um encontro pessoal com Cristo. Já não queria apenas ouvir e cantar ou acompanhar as canções com meu violão, pois comecei a senti-las dentro de mim. Não demorou muito tempo para que o meu coração também começasse a cantar. Um dia, já em meados de 1975, ao chegar em casa, após uma dessas reuniões, comecei a cantarolar o que seria o meu primeiro cântico naquela nova vida que começava:

Jesus, vem agora
Nesta hora
Nos trazer amor
Vem encher de paz
Nossos corações!

Cantei a letra em uma melodia simples, porém, nítida ao meu coração. Conforme a música surgia, eu a repetia com mais intensidade. Quanto mais cantava, mais o pequeno verso ganhava significado. Era uma oração feita com sinceridade e devoção. Naquele momento, meu pai alcoolizado entrou em nossa casa e, ao ouvir-me cantar, sentou-se. Ficou quieto escutando, enquanto eu entoava o pequeno hino. E assim, ele se tornou meu primeiro ouvinte. Nem meu pai, nem eu sabíamos quantas canções eu ainda escreveria e quanto cantaria para Deus no decorrer de minha vida cristã, que estava apenas começando.

Jesus, vem agora

- Ano: 1975
- Compositor: Asaph Borba
- Gravação: álbum do livro *A história por trás da música*

Verdade e luz

Meus primeiros meses de vida cristã foram de grandes mudanças e desafios. Os novos hábitos e a nova rotina na igreja eram suficientes para preencher minha agenda, até então bem vazia. Meus novos amigos e amigas grudaram no meu pé para que eu não pensasse mais em drogas e saísse de vez da rua.

Um dia, o pastor Erasmo me chamou e disse:

— Asaph, tens que voltar a estudar! Vou te levar ao Instituto Porto Alegre (IPA) para falarmos com o diretor.

O IPA era uma das escolas da Igreja Metodista para primeiro e segundo graus — Ensino Fundamental e Médio de hoje. O desafio era grande, mas topei. Após um rápido processo, voltei para a escola em março de 1975 para cursar a sétima série com dezesseis anos, depois de ter abandonado o Colégio Militar de Porto Alegre (CMPA) com apenas treze. A essa altura, eu já tinha muita vontade de recomeçar e, principalmente, de acertar minha vida desordenada, e o retorno à escola era parte da restauração.

O zelo constante de meu pastor, de sua esposa Gelsa, assim como da amiga Esly Regina e, também, de minha mãe, foram primordiais para esse reinício. Entretanto, o ano ainda foi marcado por algo novo: as primeiras viagens. Eu não imaginava o quanto minha vida e influência alcançariam lugares muito além de Porto Alegre.

A primeira jornada, para o Rio de Janeiro, tinha ocorrido poucos meses antes de eu voltar a estudar. Quando vi, já estava em um ônibus a caminho dessa cidade. Mesmo recém-convertido, meu pastor me levou com uma equipe a um evento chamado Cruzada Billy Graham, no estádio do Maracanã e no ginásio do Maracanãzinho. Lá ouvi esse famoso evangelista — que eu não sabia exatamente quem era, mas cuja influência encheu o maior estádio brasileiro da época — pregar a Palavra de Deus com entusiasmo. De forma inusitada, fui fortalecido em minha fé e pela primeira vez senti um intenso desejo de servir a Deus.

Durante aquele evento, no dia 5 de outubro de 1974, completei dezesseis anos de idade. Lembro-me muito bem da data, pois ganhei do pastor Moysés Cavalheiro de Moraes, colega de Erasmo no movimento de renovação em Porto Alegre, meu primeiro livro, *O contrabandista de Deus*, do irmão André. Esse missionário levava bíblias ao mundo comunista, onde não era permitido o livre acesso à Palavra de Deus.

A segunda viagem também foi inesperada. Em meados de dezembro de 1974, no dia em que eu conversara com o diretor do IPA para voltar a estudar, encontrei por acaso na escola um pastor, Mércio Meneghetti. Eu o conhecia desde o dia de minha conversão a Cristo, que fora em 18 de agosto daquele ano. Durante um curto bate-papo, ele me convidou para uma viagem missionária de jovens metodistas gaúchos. Sairíamos de Porto Alegre com o objetivo de abençoar as igrejas metodistas do nordeste brasileiro. Erasmo, que estava comigo, imediatamente autorizou. Senti-me no lugar certo e na hora certa. Eu estava começando a conhecer a agenda de Deus.

Assim, passei o mês de janeiro e parte de fevereiro de 1975 viajando, pregando, cantando e conhecendo pequenas igrejas metodistas de diversas capitais entre Porto Alegre e Natal, no Rio Grande do Norte, cidade onde fiquei por mais tempo, na companhia de meu amigo Hugo Beyer e do pastor Alencastro Martins.

O ônibus, mesmo sem ar-condicionado e com pouco conforto, era perfeito para nós! Aquela oportunidade me proporcionou, até então, a viagem mais emblemática e inesquecível de minha vida. Dias e noites com as mesmas pessoas, muitas das quais eu tenho o prazer de ainda conviver, como: Elcira Russomano, a Cica; Sonia Campello, a Soninha; Maria Helena Stracke, a Maricota; Herondina Machado, a Dina; Paulo Torres; e Luiz Vergílio Batista da Rosa, o Luizinho daquela época e hoje bispo metodista; entre outros queridos irmãos.

Minha terceira viagem, já no final de 1975, também foi marcante. Para minha surpresa, recebi do pastor Moysés um convite para irmos à cidade de Campo Grande, no Rio de Janeiro, onde ele falaria sobre avivamento. Foi quando nossa grande amizade começou. Até hoje ele tem cuidado de minha vida e meu ministério. Ali em Campo Grande, na casa do pastor metodista e nosso anfitrião Luiz Machado Moraes, eu compus um dos cânticos mais importantes do início de minha vida cristã: *Verdade e luz*.

Na semana em que ele nos hospedou, fiquei amigo de uma de suas filhas, Vanda. Durante as tardes, o programa era ficar em casa, cantando com os jovens da igreja e comendo os quitutes feitos pela mãe dela. Em um desses momentos, de forma espontânea, um cântico brotou em meu coração. Era uma melodia totalmente nova, cantada incansavelmente naquela tarde. À noite, com o aval do pastor Moysés, é claro, passei a ensinar a melodia à igreja, que vibrava com a transformação promovida por Deus em minha vida e incentivava tudo o que eu fazia nesses primeiros passos.

Verdade e luz o mundo buscou
Por mil caminhos de ilusões

Até que, um dia, a luz brilhou
Iluminando os corações!

O mundo não o escutou e nem seguiu o seu brilhar
Até que um dia ele mostrou que veio aqui só para amar
Aqueles que até então viviam na escuridão
E brilhou, e brilhou, por nós na cruz!
E brilhou, e brilhou, por nós, Jesus!

Esse foi um dos primeiros cânticos que ensinei por onde passava, já que, nos meses e anos seguintes, passei a acompanhar com frequência meus dois pastores, Erasmo e Moysés. E assim, seguimos para outros estados e outras cidades, levando a mensagem de renovação que havia transformado nossas vidas. As músicas eram pedras preciosas que fariam parte majoritária de minha caminhada, que estava apenas começando. Até hoje, quando Deus me dá um cântico novo, tenho o hábito de, com meu violão, cantá-lo para o meu amado pastor Moysés, já com mais de 90 anos.

A única gravação dessa canção se deu muitos anos depois, no disco *Ao Nome de Jesus*, de 1992, da Life.

Verdade e luz

- Ano: 1975
- Compositor: Asaph Borba
- Gravação: LP, K7, CD *Ao Nome de Jesus*

Selah
(Salmo 67)

Em fevereiro de 1976, em um retiro da Igreja Batista Filadélfia de Porto Alegre durante o carnaval, conheci dois músicos que marcariam para sempre minha caminhada. Eles se tornariam importantes amigos e parceiros de trabalho e de ministério ao longo da vida. Um deles, João Batista Souza dos Santos, na época com treze anos, já tocava violão acima da média; o outro, Lewis Donald Stoll, apelidado de Don, um missionário norte-americano recém-chegado ao Brasil, na época com 26 anos, era excelente tecladista e músico.

Realizado em uma chácara próxima ao morro Ferrabraz, na cidade de Sapiranga, Rio Grande do Sul, a 60 km de Porto Alegre, o retiro foi liderado pelo pastor Samuel Espíndola. No evento, conheci outros pastores com os quais passei a conviver: Robert Curry, o Bob, também missionário dos Estados Unidos, e João Antônio de Souza Filho, o Joãozinho, de formação assembleiana. Reencontrei Telmo Weber, um pastor luterano renovado que eu já tinha visto nas reuniões de oração e avivamento que aconteciam nas noites de segunda-feira, na Igreja Metodista Wesley. Depois do retiro, todos eles passaram a frequentar essas reuniões, acrescentando ainda mais unção de Deus aos encontros por meio de suas vidas.

Muitas daquelas pessoas presentes na chácara em Sapiranga também se tornaram amigas para toda a vida, entre elas estão os irmãos Isaías, Júlio e Paulo Figueiró, com quem formei posteriormente meu primeiro conjunto. Naquele tempo as bandas eram chamadas assim. Como choveu a maior parte do tempo do retiro, minha principal atividade era reunir-me com a turma no salão, para tocar e cantar. João Batista, com seu violão, e Don, com seu órgão vermelho, maravilhavam a todos. No fim do evento, pedi uma carona ao Don para voltar à minha casa em Porto Alegre, já que morávamos em bairros próximos. Embora seu português e meu inglês fossem ruins, conseguimos nos comunicar.

Na segunda-feira seguinte, para minha surpresa, ele apareceu na reunião de oração na Wesley acompanhado por seu colega Bob Curry e logo foi convidado pelos pastores para tocar. Então, foi uma festa! Eu o acompanhei com uma guitarra da igreja que era muito pesada e alimentada por pilhas. Mas isso não me incomodou, pois sempre tocava os cânticos das reuniões com muita alegria e disposição. Ao terminar a celebração, Don me convidou para ir à sua casa no dia seguinte, a fim de ensinar-lhe mais alguns cânticos, já que ele começaria a acompanhar sempre os louvores nas reuniões. E lá fui eu, com minha bicicleta, até sua casa no bairro Glória, na parte montanhosa da cidade. Passamos a tarde louvando Deus. Eu queria ensinar ao Don todas as músicas que eu conhecia e eram cantadas por nosso grupo. Então, ele abriu a Bíblia e começou a entoar um salmo em português. Aquilo me impressionou, pois era como eu fazia em casa. Assim, a identificação com o norte-americano foi imediata.

Depois dessa primeira visita, passamos a nos reunir semanalmente, o que sempre rendia novas músicas. Esses encontros se tornaram habituais ao longo daquele ano e do ano seguinte. Não imaginávamos que várias canções que surgiram dessa

28 A HISTÓRIA POR TRÁS DA MÚSICA

comunhão e parceria formariam o repertório de nossa primeira gravação, que aconteceria em 1978.

Uma dessas composições tornou-se marcante, pois se tratava de uma melodia para o Salmo 67 inteiro, exatamente como na tradução de João Ferreira de Almeida para a língua portuguesa. Quando a canção ficou pronta, logo a ensinamos à igreja, que cantava esse salmo como um clamor pela benção de Deus e testemunho ao mundo.

> *Seja Deus gracioso para conosco e nos abençoe*
> *E faça resplandecer sobre nós o seu rosto* (Selah, selah![1])
> *Para que se conheça na Terra o teu caminho*
> *E em todas as nações, a tua salvação*
> *Louvem-te os povos, ó Deus*
> *Louvem-te os povos todos*
> *Alegrem-se e exultem as gentes*
> *Pois julgas os povos com equidade*
> *E guias na Terra as nações* (Selah, selah!)
> *Louvem-te os povos, ó Deus*
> *Louvem-te os povos todos*
> *A Terra deu seu fruto*
> *Pois Deus, o nosso Deus, nos abençoa*
> *Abençoe-nos, Deus*
> *Abençoe-nos, Deus*
> *E todos os confins da Terra o temerão* (Selah, selah!)

Esse foi um dos primeiros dos muitos cânticos baseados no livro de Salmos que compusemos juntos. Desde o início, esse livro foi uma fonte inesgotável de inspiração para nossos

---

[1] *Selah*: Palavra transliterada do texto em hebraico do livro dos Salmos, que também aparece no livro de Habacuque. Nas traduções atuais da Bíblia em língua portuguesa, o termo foi omitido.

trabalhos. O salmo no qual a canção se baseia, cujo autor não é definido, apresenta a palavra *Selah*, que provavelmente significa "pausa para prostrar-se diante de Deus e meditar no que está sendo proclamado".

Desde aquele tempo, Don e eu passamos a ser parceiros de vida e de ministério. O investimento dele e de sua esposa, Gail, foi fundamental para a minha formação. Desde o princípio da minha caminhada cristã, esse casal foi enviado por Deus, junto com meus pastores, para agir como instrumento de inspiração, transformação e crescimento. Esses foram os primeiros passos de uma frutífera e longa parceria com Don, que continua perdurando até os dias de hoje.

Essa canção foi gravada no disco *Celebraremos com Júbilo*, em 1978, e contou com a participação de um coral composto por irmãos de Bay City, Michigan, que, depois de um bom treino, conseguiu cantar em português! Ela também fez parte do disco *Alegre-se, Israel*, em 1996, e do vídeo de clipes de algumas das músicas desse trabalho, filmado em Israel, em 1997. Todos foram produções da Life, nome que Don e eu escolhemos para nossa produtora e nosso ministério, em homenagem ao estúdio de Brad Wieland nos Estados Unidos, onde gravamos o disco *Celebraremos com Júbilo*.

Selah (Salmo 67)

- Ano: 1976
- Compositores: Asaph Borba e Donald Stoll
- Gravações: LP, K7 *Celebraremos com Júbilo*; CD, K7 *Os Primeiros Anos – Vol.2*; CD, K7, VHS, DVD *Alegre-se, Israel*

Amor
1Coríntios 13
(Ainda que eu fale)

No primeiro dia de 1975, conheci uma linda menina chamada Lígia Rosana. A primeira vez que a vi, ela estava sentada em frente à Igreja Metodista Wesley esperando o prédio ser aberto para assistir ao ensaio do pequeno conjunto que eu acompanhava ao violão. Ela também participaria da reunião de jovens que aconteceria em seguida naquela tarde de feriado no meio da semana.

Ela fora trazida por sua irmã, Lídia Suzana, que eu havia conhecido dias antes em um retiro em que jovens metodistas e episcopais tinham sido avivados e batizados pelo Espírito Santo. A líder do conjunto, Esly, e eu tínhamos convidado a Lídia para vir junto do grupo de jovens episcopais e participar conosco.

Elas e esses jovens pertenciam à Igreja Episcopal do Redentor, que fica na Cidade Baixa, bairro próximo ao centro da cidade, de onde eram também o pastor Lauro Borba da Silva e suas filhas Zelfa e Zoé, que já conviviam conosco. O reverendo Lauro, mesmo sendo pastor episcopal em uma denominação protestante bastante conservadora, sempre foi aberto à ação do Espírito Santo e acompanhava os pastores Erasmo e Moysés nesse início de renovação em Porto Alegre.

Naquele dia, tivemos uma reunião especial e estreitamos o relacionamento entre os dois grupos. No sábado, Lídia e Rosana (pois a chamavam pelo segundo nome) voltaram à igreja para se reunir com os jovens. Era um dia nublado, porém começou a chover e esfriar. Lídia pediu que eu fizesse companhia a sua irmã ali na igreja, enquanto ela iria buscar agasalhos em sua casa, num bairro próximo. Então, ficamos no salão onde o conjunto ensaiava, e eu não conseguia parar de prestar atenção na Rosana. Como não tínhamos muito assunto, peguei o violão e cantei e toquei canções por mais de uma hora. Ela simplesmente sorria e procurava acompanhar algumas delas com sua doce voz de menina de apenas 13 anos. Foi quando nossa amizade começou.

Depois disso, o próximo passo foi ir à casa das meninas. Um dos meus amigos na época, Mário Roberto Fagundes, apelidado de Lambari e novo convertido como eu, também se interessou em estreitar a amizade com as duas, que nos convidaram para um café no sábado seguinte, na casa delas. Da visita surgiu a oportunidade de ouro para visitá-las na praia de Tramandaí, no fim de semana seguinte, onde passavam as férias de verão com os pais. Infelizmente, meu amigo Lambari começou a servir no Exército e não pôde me acompanhar. Tive de ir sozinho.

Dali em diante, Rosana tornou-se minha melhor amiga. Em sua casa, encontrei uma espécie de refúgio, tanto na amizade com as meninas e com o irmão mais novo delas, Márcio Roberto, ainda um garotão, quanto no laço criado com a família Blauth da Rocha, que se tornou essencial para a restauração e o crescimento de minha vida. Por meio dos pais, Roberto e Dora, dos avós e irmãos da Rosana, conheci outra perspectiva do verdadeiro amor expresso na família. Uma referência foi o avô, Lauro Blauth, homem piedoso de quem logo me tornei próximo. Na casa da Rosana havia um piano, no qual comecei a tentar reproduzir os acordes que já tocava ao violão. No ano de 1976, passei a ter aulas com a mãe dela, Dora Suzana, que era professora de música e, em troca, lhe dava noções de violão. Creio ter sido um negócio muito vantajoso para mim, pelo ensino e pela companhia. Um dia após a aula, escrevi um cântico chamado *Amor*, baseado nas palavras do apóstolo Paulo apresentadas no texto de 1Coríntios 13:1-2:

> "Ainda que eu fale as línguas dos homens e dos anjos, se não tiver amor, serei como o bronze que soa ou como o címbalo que retine. Ainda que eu tenha o dom de profetizar e conheça todos os mistérios e toda a ciência; ainda que eu tenha tamanha fé, a ponto de transportar montes, se não tiver amor, nada serei."

Esta canção foi o puro reflexo da experiência de amor e acolhimento que eu começara a vivenciar naquele tempo de restauração em minha vida:

Ainda que eu fale
A língua dos homens e dos anjos
Mas se eu não tiver amor
Serei como o metal
Ou o címbalo que retine
Nada serei, sim, nada terei
Se eu não tiver amor
Nada terei, se eu não tiver amor!

Ainda que eu tenha
O dom de profetizar
E conheça todos os mistérios
Toda a ciência
Ainda que eu tenha tamanha fé
Que transporte os montes
Nada serei, sim, nada terei
Se eu não tiver amor
Nada terei, se eu não tiver amor!

A relevância do cântico está no fato de ser uma das músicas que passei a cantar com a Rosana nas reuniões da igreja, nos casamentos e em todos os lugares aonde íamos com nossos pastores. Foi também a primeira canção que compus ao piano. Ela nasceu de maneira simples, na casa em que conheci um pouco mais do amor de Deus por meio dessa menina maravilhosa, que se tornou minha namorada, noiva e, por fim, esposa, mãe dos meus filhos e amor da minha vida.

Essa canção foi gravada nos Estados Unidos em nosso primeiro disco, *Celebraremos com Júbilo*, em 1978. Em 1991, foi gravada por Paulo Figueiró em seu disco *Dom Supremo*, onde acrescentou-lhe um verso; e relançada por ele, em 1993, no CD *Louvor & Adoração – Álbum Duplo*. A canção fez parte do CD do livro *Adoração: quando a fé se torna amor*, que gravei, com o amigo João Batista dos Santos, versão violão e voz, em 2012. Em 2015, ganhou versão e gravação em língua inglesa, pelo querido Donald Stoll.

Amor – 1Coríntios 13 (Ainda que eu fale)

- Ano: 1976
- Compositor: Asaph Borba
- Gravações: LP, K7 *Celebraremos com Júbilo*; CD, K7 *Os Primeiros Anos – Vol.1*; CD do livro *Adoração: quando a fé se torna amor*; CD do livro *A Life of Worship: When Faith Becomes Love* (versão em inglês)

Eis que estou à porta e bato

Meu retorno à escola, desde 1975, foi tudo o que eu precisava para um tempo de transformação de vida após minha conversão: rotina e estudo. Abri mão do artesanato que fazia para vender e de um emprego em uma loja de presentes chamada Reflexo, que pertencia a um senhor judeu que se tornou um bom amigo, Clóvis Kauffmann.

Pela manhã, eu trabalhava na biblioteca do IPA, escola metodista onde tinha conseguido uma bolsa de estudos com a ajuda do pastor Erasmo. As aulas eram no turno da tarde. Assim, eu passava o dia na escola trabalhando e estudando, o que trouxe outro ritmo à minha vida, antes tão desordenada.

Uma das lembranças do meu trabalho na escola era de, muitas vezes, não ter dinheiro para comer ao meio-dia. Então, frequentemente eu ganhava um pão na chapa do seu Nestor, o dono da cantina escolar. Ele fazia aquilo com amor, semeando em minha vida uma pequena e inesquecível semente.

Durante os três anos em que estive ali, nas horas vagas, minha atividade predileta era ficar com os seminaristas metodistas, que eram alunos internos em um dos pavilhões da grande escola, construída de pedra no topo de um dos morros de Porto Alegre. Entre esses amigos estão os inesquecíveis João Nelson Otto, Alencastro Martins, Jair Anchieta, João Collaço (Juca) e Luiz Vergílio (Luizinho). Com esse último, eu passava a maior parte do tempo, porque ele, como eu, gostava de tocar violão e cantar. Sentados nas escadarias de pedra, junto ao campanário (lugar do sino) ou nos dormitórios, a cantoria era constante. Como às segundas-feiras Luizinho frequentava as reuniões de oração e avivamento, sempre atualizávamos os novos cânticos ensinados lá. Outro hábito que tínhamos era o de abrir a Bíblia, como eu fazia com o missionário Don Stoll, e começar a cantar uma melodia com a letra de um salmo qualquer ou de algum outro texto bíblico que nos chamasse a atenção. Compúnhamos espontaneamente canções curtas, apresentando de forma verdadeira e simples um cântico novo ao Senhor.

Luizinho também se tornou meu conselheiro, pois foi nessa época que me interessei pela Rosana e era com ele que eu falava dos mistérios do coração.

Em uma daquelas tardes lá no IPA, no dormitório do seminário, junto desse precioso amigo, abri a Bíblia em Apocalipse 3:20: "Eis que estou à porta e bato; se alguém ouvir a minha voz e abrir a porta, entrarei em sua casa e cearei com ele, e ele, comigo." Assim, a melodia fluiu no meu coração por meio da palavra de Jesus à igreja de Laodiceia:

> *Eis que estou à porta e bato*
> *Se alguém ouvir a minha voz eu entrarei*
> *E com ele cearei,*
> *E com ele cearei!*
>
> *Esta porta pode ser a do teu coração*
> *E se tu ouvires minha voz, eu entrarei, eu entrarei*
> *E contigo cearei,*
> *E contigo cearei!*

Ao entardecer daquele mesmo dia, depois da escola, fui à casa do pastor Moysés para dar aula de violão ao seu filho Samuel.

Sua esposa, Lygia, como de costume, serviu-me um gostoso lanche, sempre bem-vindo para mim.

Após a aula, reservamos um tempo para oração e louvor a Deus com alguns irmãos que estavam reunidos ali na casa. Então comecei a entoar a nova música, logo aprendida pelo pequeno grupo.

Enquanto cantávamos, vimos um vulto do lado de fora da janela da sala e notamos que alguém nos ouvia. Quando terminamos, a janela semiaberta foi empurrada, e uma voz perguntou:

— Posso entrar?

Era o Marcos, filho mais velho de Moysés e Lygia, que estava afastado dos caminhos do Senhor.

— Entra, meu filho — Moysés respondeu sem hesitar.

Então, Marcos ficou ali sentado conosco por um tempo. Depois, Moysés declarou a mensagem dada por Deus ao seu coração dizendo que a transformação na vida de seu filho estava começando. Foi o que ocorreu poucos dias após a reunião em sua casa.

Sempre que canto essa canção, recordo-me desses fatos ocorridos no dia de sua composição. Luizinho, hoje bispo da Igreja Metodista no Rio Grande do Sul e um dos líderes nacionais dos metodistas, continua sendo um bom amigo. Marcos Moraes tornou-se um reconhecido líder a serviço de Deus no Brasil, sobretudo em Salvador, na Bahia, e mundo afora. Moysés permanece meu pastor e tutor, alguém com quem tenho tido a honra de conviver há mais de quarenta anos. Samuel, seu filho, ainda toca violão e, junto de sua família, serve ao Senhor também em Salvador.

Apesar de cantar esta canção por tanto tempo, a gravação só aconteceu no ano de 2006, no disco *Semelhantes a Jesus*, quase trinta anos após sua composição.

Eis que estou à porta e bato

- Ano: 1977
- Compositor: Asaph Borba
- Gravação: CD *Semelhantes a Jesus*

Irmãos e irmãs

No fim do ano de 1977, depois de muitos milagres que tornaram a viagem possível, Don me levou aos Estados Unidos, onde preparamos e gravamos nosso primeiro disco, *Celebraremos com Júbilo*, da gravadora Life.

Ainda nos Estados Unidos, o tempo de produção, incluindo a prensagem e as viagens que resultaram na primeira distribuição do LP, foi rico em aprendizado e crescimento, mas, às vezes, absurdamente melancólico. Em primeiro lugar, por estar distante da família e da igreja por um longo tempo. Em segundo, por causa da mudança de rotina e de vida naqueles nove meses, o maior tempo longe de casa até então. A comida, a língua, os hábitos, tudo era limitado a Donald, Gail e seus quatro filhos, Jeoffrey, Lorrie, Barbara e Seth, que eram também meus professores de inglês. Essa mudança foi tão forte, que eu conservava ao lado da cama um sabonete brasileiro para lembrar um cheirinho de casa.

Fiz muitos amigos circunstanciais no decorrer daquele período, e, salvo raras exceções, com poucos mantive contato depois. Dois meses antes de findar o tempo que passei nos Estados Unidos, três eventos abalaram-me muito.

O primeiro foi uma carta enviada por minha namorada, Rosana, pedindo para dar um tempo em nosso namoro de mais de um ano.

Ela estava insegura porque eu apresentara instabilidade nos meus sentimentos quanto a ela, antes de partir. Porém, a distância tinha me deixado muito saudoso e isso foi um baque.

O segundo foi o derrame sofrido por meu pai, que o deixou inerte em uma cama. Soube que minha mãe e meus irmãos estavam passando necessidade e tendo bastante trabalho em função disso.

O terceiro foi um acidente que o filho menor do Don, Seth, sofreu. A bicicleta ergométrica com que brincava decepou a ponta de dois dedinhos de sua mão direita, o que precisou de muitos cuidados, adiando em quase dois meses nosso retorno ao Brasil. Por conta disso, Donald me mandou com Jeoffrey e Lorrie para a casa de seus pais na cidade de Huntington, no lindo estado da Virgínia Ocidental. Fiquei lá por cerca de três semanas, cuidado por Monell Stoll, sua mãe, que nos acolheu, fazendo de tudo para amenizar o desgaste geral da situação. Fora as crianças e os poucos amigos da família, a solidão e a melancolia se ampliaram, tornando as noites longas e tristes, incentivadas pela saudade e pela incerteza da data de retorno ao Brasil.

Esse tempo nos Estados Unidos não foi um período em que fiz muitas composições, pois, além de trabalhar intensamente no disco que gravamos, as mudanças ambientais, espirituais e culturais eram extremas. Foi nesse contexto, entretanto, que um dia sentei ao piano de cauda, na sala da mãe do Donald, e dedilhei uma melodia, que imediatamente exacerbou o sentimento de quão preciosos eram os irmãos e as irmãs que deixei para trás. Conforme eu escrevia e cantava, os rostos de amigos e irmãos na fé, de minha família e de meus pais, passavam em minha mente, tornando o momento e a canção inesquecíveis ao meu coração. Foi um cântico impulsionado pela saudade e pelo sentimento de gratidão. Contudo, foi inspirado pelo Pai para revelar o que é a Igreja.

Eu não sei o que seria de minha vida sem irmãos e irmãs
Sem amigos que, com o amor de Jesus,
Mudaram meu coração
Quando, sem destino algum, eu caminhava para o fim
Eles estenderam suas mãos pra mim!

Eu não sei o que seria de minha vida sem irmãos e irmãs
Sem a Igreja de Cristo, que está presente
E viva ao meu redor!
A comunhão, a oração que nos unem ao Senhor
Trazem-me alegria e mais vontade de viver!

E se a cada dia neste amor nos unirmos mais e mais
Nós podemos nosso mundo transformar
E que muitos, como eu, assim possam cantar:
Eu não sei o que seria sem irmãos e irmãs!

Foi a primeira canção que escrevi enfocando a unidade e o amor entre os irmãos. Durante sua composição, pude me lembrar de muitos irmãos, como Esly Carvalho, que tanto me ajudou no início da caminhada cristã e Paulo Torres, querido amigo, que foi instrumento de Deus para restaurar minha vida quando tive uma recaída nas drogas em 1976 e fiquei arrasado. Mas ainda lembrava de muitos outros que haviam investido em meu crescimento até então. Não sabia que a unidade seria uma das tônicas de meu ministério. Por muitos anos, ouvi testemunhos de irmãos e pastores a respeito da importância dessa canção para que eles tivessem, no valor dos relacionamentos, uma prioridade de vida.

O cântico foi gravado em 1983, no disco *Nossa Canção*, da gravadora Life, produzido com minha irmã Carmélia e com o casal de missionários norte-americanos, Bob e Lottie Spencer.

Em 2011, a canção foi incluída no CD/DVD *Rastros de Amor – 35 Anos de Ministério*, em parceria com a gravadora Som Livre, quando a gravei com Daniel Souza. Também fez parte do repertório do DVD *O Meu Louvor*, de Atilano Muradas, em 2017, no qual esse precioso irmão interpreta dez composições de minha autoria com ritmos bem brasileiros.

Irmãos e irmãs

- Ano: 1978
- Compositor: Asaph Borba
- Gravações: LP, K7 *Nossa Canção*; CD, K7 *Os Primeiros Anos – Vol.1*; CD/DVD *Rastros de Amor*

Na estrada de Jerusalém

(Que posso eu fazer)

Em outubro de 1977, alguns meses antes de viajar para os Estados Unidos, reencontrei um grupo musical que eu havia conhecido em 1974, no dia da minha conversão a Cristo: os Gottfridsons. O conjunto era formado, basicamente, por membros da Igreja Assembleia de Deus e liderado por um missionário sueco de nome Nils Gottfridson — cujo sobrenome significa "filhos da paz de Deus".

O reencontro ocorreu numa cruzada evangelística em uma das praças centrais de Porto Alegre. Na ocasião, eu os ajudei emprestando o equipamento de som que foi trazido dos Estados Unidos pelo Donald e ficara sob meus cuidados enquanto ele passava um tempo por lá, junto de seus familiares. Foi logo depois disso que ele me chamou para gravar o disco *Celebraremos com Júbilo*, enviando o convite gravado em um cassete e a passagem de avião.

Também auxiliei o grupo nessa cruzada com a música, tocando piano e cantando. Quando o evento terminou, fui convidado pelo Godô, como era chamado o missionário, para visitar o conjunto em um ensaio e, se possível, começar a fazer parte dele.

No fim de semana seguinte, fui até a casa da família, no bairro Vila Jardim, em Porto Alegre. Foi amor à primeira vista! O carinho e a intensidade daquele casal de missionários, Nils e Victoria, e seus seis filhos, Lorentz, Jan, Bo, Carola, Fredi e Ulrica, eram notáveis! Passei a frequentar os ensaios, e lembro que sempre havia um cafezinho à mesa e, muitas vezes, acompanhado de biscoitinhos suecos feitos pela família. Era uma casa cheia de vida e alegria, onde sempre cabia mais um, pois suas vidas expressavam o amor de Deus por todas as pessoas ao seu redor.

Encaixei-me sem muito esforço nos trabalhos do conjunto, para onde também levei minha irmã, Carmélia, e minha namorada, Rosana. A rotina do grupo era ensaiar durante a semana e cantar em escolas, igrejas e eventos nos fins de semana. Foram quase três meses de intenso entrosamento e comunhão. Minhas músicas foram assimiladas pelo grupo, que, nessa mesma época, também passou a contar com a presença de João Batista Souza dos Santos no contrabaixo e na guitarra.

No final do ano de 1977, parti então para os Estados Unidos, a fim de encontrar o Donald e gravar nosso primeiro disco. No retorno, quase dez meses depois, já em 1978, Don e eu estávamos com nosso disco pronto. Tínhamos planos ministeriais com a igreja, mas o reentrosamento com os Gottfridsons era prioridade para mim.

Reencontrar o grupo foi muito bom. Todos estavam ávidos por saber como tinha sido aquele tempo nos EUA. Cheguei com novas tendências musicais, fruto da influência norte-americana, e com muita empolgação, o que ajudou o grupo a decolar! De um lado, João Batista, com seu talento e sua sensibilidade musical, e, de outro, eu, com a bagagem que Deus estava me dando. Compúnhamos a maioria das canções. Cada uma delas, quando seu arranjo vocal e instrumental ficava pronto, era motivo de alegria para toda a equipe. Os Gottfridsons passaram a ser referência não só na grande Porto Alegre, como também em nosso estado. As portas se ampliaram para cantarmos em mais escolas e em diversas cidades do interior do Rio Grande do Sul.

Próximo ao Natal de 1978, em um domingo pela manhã, cheguei cedo ao culto na Igreja Metodista Wesley. Sentei-me ao velho piano que ali estava e, motivado por tudo que Deus estava fazendo em minha vida e em meus relacionamentos, comecei a cantar sobre os últimos momentos de Cristo em Jerusalém, no jardim do Getsêmani e na cruz.

A poesia foi inspirada por uma canção de João Batista, que também falava sobre o amor expresso na vida e obra de Jesus.

> *Jesus ia seguindo pela estrada de Jerusalém*
> *Ele ia subir ao monte para, ao Pai, orar*
> *Quando prestes a tomar na cruz os meus pecados*
> *E as minhas culpas sobre si levar!*
>
> *Do seu rosto, lágrimas começam a descer*
> *Mostrando a tristeza que vem do coração*
> *Tristeza esta que revela todo o seu sofrer*
> *Este foi o preço pelo meu perdão!*
>
> *O sol se põe e a noite vem trazendo a solidão*
> *Envolvendo tudo no seu denso e escuro véu*
> *Nas mãos do Pai tudo entregou, dizendo então:*
> *"Seja feita a tua vontade aqui, como no céu"*
>
> *Depois que ele cumpriu a sua parte*
> *Depois que ele assumiu tudo que era meu*
> *Mostrando o caminho que me leva até Deus Pai*
> *Que posso eu fazer além de minha vida lhe entregar!*

Quanto ao conjunto Gottfridson, no verão de 1979, saímos ministrando pelas praias do Rio Grande do Sul até o estado de Santa Catarina. Recebemos também o convite para cantarmos no encontro nacional da Mocidade para Cristo (MPC), Geração 79, e levamos o Don conosco. Juntos, ele e eu, aproveitamos o congresso para lançar nacionalmente nosso disco *Celebraremos com Júbilo*. Algum tempo depois, o trabalho do conjunto Gottfridson era tão intenso que compramos um ônibus para facilitar a missão. Novos membros entravam; alguns saíam por precisarem priorizar outras coisas; porém sempre mantínhamos o grupo de base, e o alvo do conjunto permanecia o mesmo: proclamar Jesus em toda parte!

Durante esse tempo, essa canção se tornou um dos nossos temas favoritos e passou a fazer parte do repertório do grupo. O arranjo feito pela equipe era impactante. Nosso naipe de sopros (trombones, trompetes e saxofone) dava uma identidade especial e grande sonoridade na execução, assim como as vozes bem harmonizadas eram de rara beleza. Pouco tempo depois, foi essa canção que deu o nome para o disco em que foi incluída, gravado pelo grupo em 1979 e lançado em 1980: *Que Posso Eu Fazer*.

O conjunto Gottfridson permaneceu por mais alguns anos, sempre com a mesma missão, mas, à medida que os membros se casavam ou ingressavam na universidade, cada um foi tomando o próprio rumo de vida e de ministério. Entretanto, permanecemos bons amigos, e com alguns ainda trabalho e tenho relacionamento ministerial até hoje, como: Jan e Martha Gottfridsson, Paulo e Ulrica Figueiró, minha irmã Carmélia e seu esposo Everton Tonin, João Batista dos Santos e Hudson Teilor. Ainda bem próximos estão Edson Dutra e Hiláire Souza. E os queridos Lorentz, Bo, Carola e Fredi Gottfridsson, apesar de viverem no exterior, sempre que possível nos visitam por aqui.

É sempre uma alegria quando temos a oportunidade de nos reencontrarmos pois trazemos à memória o tempo de nossa juventude em que buscávamos servir ao Senhor com tudo o que tínhamos e clamar por sua provisão para os nossos projetos, e isso firmou profundamente a nossa fé. Fomos usados por

Deus como instrumentos para a salvação e a transformação de muitas vidas.

Somos todos profundamente gratos ao Senhor por nosso querido Godô e por sua saudosa esposa, Victoria, protagonistas dessa linda estação de nossa caminhada.

A canção *Que posso eu fazer* marcou muitos corações na época do conjunto Gottfridson e por isso, mais de vinte anos depois, o cantor Eduardo Flor a gravou em seu segundo CD, *Alegria & Louvor*, no estúdio da Life em Porto Alegre.

Na estrada de Jerusalém (Que posso eu fazer)

- Ano: 1978
- Compositor: Asaph Borba
- Gravações: LP, K7 *Que Posso Eu Fazer*; CD, K7 *Os Primeiros Anos – Vol.1*

Profecia
(Meu Santo Espírito)

Desde o final de 1978, Don e eu tínhamos montado um pequeno estúdio no centro da cidade de Porto Alegre. Nele, além de nossas gravações, eram produzidos programas de rádio para diversas igrejas da cidade. Também gravávamos e reproduzíamos em cassetes as pregações de nossos pastores, com o intuito de disseminar a visão de restauração da Igreja em todos os cantos, por meio dos ensinamentos dados em retiros e reuniões de oração e avivamento que aconteciam às segundas-feiras.

Eu trabalhava no estúdio todas as horas em que estava livre, fazendo a nossa pequena Life, ainda embrionária, surgir como a gravadora que seria a estrutura para todo o nosso ministério. As vendas do primeiro disco, *Celebraremos com Júbilo*, gravado nos Estados Unidos, continuavam, em LP e também em cassetes que nós mesmos passamos a reproduzir. Enquanto isso, o disco que gravamos com os Gottfridsons era distribuído por Jan e Lorentz, filhos do missionário sueco que comandava o conjunto musical.

Nosso estúdio estava localizado dentro das dependências da sede da Associação Evangelística Seara Latina, nome da associação formada por nossos pastores, que se tornou conhecida como Comunidade ou Igreja em Porto Alegre.

Era notória a grande obra que Deus estava fazendo em nosso meio. Uma igreja começou a surgir cheia de vida, liberdade e alegria, cuja ênfase doutrinária consistia em formar uma família cheia do Espírito Santo, à imagem de Jesus. A visão clara do eterno propósito de Deus nos dava força e segurança. As palavras proféticas eram frequentes e levadas a sério por todos. Os pastores conduziam com passos firmes e bem definidos o crescente rebanho.

No final de 1980, Don e eu começamos a trabalhar no nosso álbum seguinte, *Vigia*. O nome vinha de um cântico composto por Don com base na profecia de Isaías 21:11-12, que diz: "Guarda, a que hora estamos da noite?... Respondeu o guarda: Vem a manhã, e também a noite...", onde ele optou pelo termo "vigia" no lugar de "guarda". As composições de nossa nova produção eram formadas, em sua maioria, por melodias compostas com base em textos bíblicos. Nossa inspiração foi, também, uma série de palavras ministradas por um de nossos pastores, Moacir Ramos de Oliveira, sobre o tempo do fim, fundamentada nas palavras dos profetas, de Cristo e do livro de Apocalipse.

Em uma tarde, dentro do estúdio, comecei a escrever a nova canção. Era algo diferente, pois passei a falar em nome de Deus. A visão do que ele estava fazendo e do que faria em nossa geração resultou em palavras vivas. Fui lembrando e citando os textos das profecias, assim como as palavras de Jesus, as quais já estavam se cumprindo em nosso tempo. Na mesma intensidade com que a letra surgiu, a melodia fluiu. Quando Don chegou ao entardecer, sentou-se ao piano e fez a harmonia da música. Dessa forma, com piano e voz, ela se tornou uma das faixas mais emblemáticas do nosso segundo trabalho juntos.

/O meu Santo Espírito está
Sendo derramado sobre toda a Terra/
E todos verão que o que eu disse há de se cumprir
Quando ouvirdes falar de rumores de guerras
Quando a Terra tremer e o céu se abalar
Filhos contra os pais se levantarão
Vós sofrereis perseguição
Esperem um pouco mais
Estou por chegar!

/A minha Palavra é fiel e digna de toda aceitação/
Por que duvidais, se vos tenho falado ao coração?
Santificai-vos e não olhem mais para trás
Mostrem ao mundo amor e proclamem a paz
Pois como ladrão eu voltarei
Minha Igreja unida eu levarei
Esperem um pouco mais
Estou por chegar!

Foi nossa primeira canção falando em nome de Deus para o mundo. Não era somente a composição de uma melodia em cima de um texto bíblico, mas a revelação de uma palavra específica que Deus queria trazer ao seu povo, tendo como base as Escrituras Sagradas. Entendemos assim que uma das funções de nosso ministério era profetizar: ouvir a voz de Deus e transmiti-la a todos. Por meio dessa canção, experienciamos uma das funções proféticas: escrever, falar e cantar em nome do Senhor. Isso marcaria os rumos de nossa vida ministerial.

Na primeira gravação dessa música, convidei minha irmã Carmélia para cantar comigo. Desde então, sua voz passou a ser uma das vozes inconfundíveis de nosso ministério. Apesar de ser o terceiro projeto no qual me envolvia, era o segundo disco que Donald e eu produzíamos, *Vigia*, que incluiu essa canção e foi gravado em 1981, sendo lançado pouco depois da volta definitiva desse querido amigo e irmão para os Estados Unidos, em 1982. Em 2002, a música foi incluída, com solo de Carmélia Tonin, em nosso último trabalho de gravação para a Associação de Homens de Negócio do Evangelho Pleno (ADHONEP), *Louvores da ADHONEP – Vol.8*, na comemoração dos 50 anos dessa organização. A canção *Profecia (Meu Santo Espírito)* fez parte de um dos projetos mais recentes da Life, *Profetiza*, em 2015, pela gravadora Som Livre, quando voltei a cantá-la com Carmélia.

Profecia (Meu Santo Espírito)

- Ano: 1980
- Compositor: Asaph Borba
- Gravações: LP, K7 *Vigia*; CD, K7 *Os Primeiros Anos – Vol.1*; CD *Louvores da ADHONEP – Vol.8*; CD *Profetiza*

Tu és Senhor
(Senhor, me alegro em ti)

Próximo ao final do ano de 1980, tive de Deus a certeza de que Lígia Rosana seria minha esposa. Com o consentimento de nossos pais e a bênção de nossos pastores, passamos a nos preparar para o casamento. Em dezembro, aconteceu o noivado, evento em que estavam presentes, além de nossas famílias, o pastor Erasmo Ungaretti, sua esposa Gelsa, bem como Don e Gail Stoll. Essa festa também foi significativa por ter sido a última da qual meu pai, Joaquim Roque de Souza, participou, pois já estava doente e faleceu poucos meses depois.

Lembro-me bem daquele ano, um tempo de muito trabalho. Além de todo o ministério, que pouco me rendia financeiramente, eu me tornara secretário de uma associação beneficente comandada pelo avô da Rosana, o senhor Lauro Blauth, chamada Publicações em Cassetes para Cegos (PUCACEG), na qual eu fazia de tudo: gravação, locução, montagem de cassetes, organização da correspondência, cuidado da sede da PUCACEG, produção da *Bíblia Falada* e distribuição. Assim, viajava com o senhor Lauro por todo o Brasil divulgando o trabalho. Ademais, eu precisava desenvolver as outras atividades nas quais estava envolvido, como administrar o pequeno estúdio da Life, montado em parceria com o Don.

Em meio a tudo isso, outra ocupação me cativava: a fotografia. Uma das poucas coisas de maior valor que eu trouxe dos Estados Unidos foi uma boa máquina fotográfica. Com esse aparato, passei a fotografar tudo: casamentos, festas e eventos em geral. Tinha alguns contatos no centro da cidade, os quais passaram a indicar-me como fotógrafo. Logo, comprei máquinas de marcas mais renomadas, obtive um alvará de fotógrafo profissional e, com a bênção de Deus, cresci também nessa profissão.

Um pouco antes de nosso noivado, fui indicado para fotografar um casamento na zona sul da cidade. O local era uma pequena Igreja Católica no bairro Teresópolis, em Porto Alegre.

Como sempre, cheguei cedo. O casamento era às 18h30, mas quando entrei no local recém iniciara a missa das 17h. Estava quente e chovia, por isso fiquei na parte interna da capela. Para minha surpresa, no momento da comunhão, o padre começou a cantar uma melodia simples, apenas com a palavra "aleluia", que logo comecei a cantarolar também. Meu espírito de músico e adorador não demorou muito para ser envolvido por aquele "aleluia". Era como um ostinato melódico e estrofes foram surgindo em minha mente, intercalando-se com o pequeno coro no fundo. Para não perder a inspiração, peguei uma caneta e, no verso de um talão de cheques, escrevi tudo imediatamente. Quando a missa terminou, eu já tinha a letra de três estrofes prontas grafadas naquele talão.

Após fotografar a cerimônia de casamento, fui para casa e com aquele rascunho, comecei a me lembrar da melodia que tinha vindo à minha mente, enquanto ouvia aquele repetitivo "aleluia" na capela. Então, acelerei o ritmo, e um novo "aleluia" surgiu, com uma harmonia mais moderna, dando identidade própria à nova canção que Deus me estava dando.

Aleluia, aleluia, aleluia, aleluia!

Senhor, me alegro em ti
De júbilo salta o meu coração
Pois vitória recebi e também perdão,
Pois vitória recebi e também perdão!

Passei tribulação
E acusação do tentador
Mas peguei na tua mão, que me sustentou, Senhor
Mas peguei na tua mão, que me sustentou!

E, na multidão dos santos, eu quero declarar
Não só com minha boca, mas também com meu viver
Que da minha vida, tu és Senhor!

Foi um dos primeiros cânticos congregacionais que escrevi, e logo começou a ser cantado em diferentes igrejas, inclusive na Igreja Católica. Poucos meses depois da composição, tive a oportunidade de ensiná-lo em um encontro de líderes em Porto Alegre. Entre os presentes, estava o jovem Adhemar de Campos, da Comunidade da Graça de São Paulo. Nos meses seguintes, ele mesmo me ajudou a divulgar o cântico pelo Brasil.

A alegria, o constante perdão de Deus, o seu sustento diário e o desejo de levar uma vida reta e santa são os destaques que pontuam essa canção e me fazem ter o prazer de cantá-la até hoje.

Gravada pela primeira vez no disco *Falando entre Vós com Salmos, Hinos e Cânticos Espirituais*, de 1984, da Life; também fez parte da coletânea do CD *Jubileu – 25 Anos de Louvor & Adoração*, da Integrity Music, em 2001, quando a cantei com André Nascimento. Essa canção, em português, fez parte da seleção do CD produzido para a primeira conferência de adoração na Síria, em 2008, *The Joy of The Lord – Asaph Borba (Middle East Collection)*, pela International Worshipers Fellowship. Em 2011, foi incluída no CD/DVD *Rastros de Amor – 35 Anos de Ministério*, da Som Livre, quando tive o prazer de cantá-la com minha esposa Rosana no *Medley de Adoração*.

Tu és Senhor (Senhor, me alegro em ti)

- Ano: 1980
- Compositor: Asaph Borba
- Gravações: LP, K7 *Falando entre Vós com Salmos, Hinos e Cânticos Espirituais*; CD, K7 *Salmos – Primeiros Anos 3*; CD *Jubileu – 25 Anos de Louvor & Adoração*; CD/DVD *Rastros de Amor*

Ensina-me

No verão de 1981, uma maravilhosa reunião foi organizada na cidade uruguaia de Rivera, na divisa do Brasil com o Uruguai. A noite clara e fresquinha permitiu que uma pequena multidão se reunisse no terreno ao lado da Iglesia Evangélica Cristo es la Respuesta. A agenda tinha sido organizada pelo vice--cônsul do Brasil no Uruguai, Wilson Alves de Souza, da Igreja Metodista, que era um líder cristão na região, em parceria com os pastores das duas cidades fronteiriças. Estávamos com o conjunto Gottfridson, começando uma excursão por esse país vizinho. Assim que a reunião terminou, depois de uma gostosa comida, fui para a casa do irmão Wilson, na cidade brasileira de Santana do Livramento, onde pernoitaria para seguir viagem a Montevidéu no dia seguinte.

    Ao chegar na casa, recebi um aviso de que deveria ligar urgentemente para Porto Alegre a fim falar com meu futuro sogro, Roberto Monte da Rocha. Liguei e a voz embargada dele deu-me uma notícia que ninguém quer ouvir: meu pai tinha acabado de falecer. Quase não foi possível assimilar a notícia, tamanho o choque causado. Comuniquei o ocorrido ao meu anfitrião e aos irmãos presentes, e segui imediatamente para o local onde minha irmã Carmélia e minha noiva Rosana estavam com as demais moças do grupo. Depois de dar a notícia, seguida por muito choro e espanto, arrumamos rapidamente as malas para partimos no meio da noite. O ônibus do grupo seguiria a viagem sem nós, pela manhã, pois uma agenda intensa na capital uruguaia não poderia ser desmarcada.

Após uma longa noite viajando de carro até Rosário do Sul e, depois, de ônibus por cinco horas, chegamos a Porto Alegre no início da tarde do dia seguinte. O pai da Rosana nos esperou na rodoviária, e as notícias que nos aguardavam em Porto Alegre tornaram-se ainda piores. Três dias antes da morte de meu pai, o noivo de minha irmã Débora, Mauro Lopes, havia desaparecido no mar em uma praia de Santa Catarina, onde estava de férias com ela e meu irmão Ener.

Em meio a tudo isso, fui com meu sogro buscar meu irmão menor, Abner, que estava em um retiro da igreja para crianças, enquanto Rosana tomava conta da Carmélia. Contar ao caçula, com apenas 10 anos, sobre o falecimento de nosso pai foi uma das coisas mais difíceis que já fiz.

Ener, que tinha ficado na praia procurando pelo Mauro, conseguiu chegar para o enterro do nosso pai, porém voltou para lá e acompanhou as buscas até ele mesmo encontrar o corpo na semana seguinte, sobre algumas pedras onde o mar o havia jogado.

Durante o enterro do nosso pai, minha mãe, mais consolada, manteve-se serena perto do corpo daquele que fora seu marido por 25 anos. Meu amigo Don Stoll pegou o violão e começou a louvar, tornando o ambiente um lugar cheio de paz, onde também estavam nosso pastor Erasmo e sua esposa Gelsa, meus futuros sogros, Roberto e Dora Rocha, Rosana e a querida vó Geni, uma intercessora da igreja, além da família.

Naquela noite, quando voltamos para casa, dormimos todos no mesmo quarto, tristes, mas confortados. Os três últimos anos de vida de nosso pai haviam sido de resgate. Um derrame cerebral colocou-o na cama, sendo cuidado pela família. As bebedeiras inconvenientes e, muitas vezes, violentas cessaram e um homem simples e amoroso, que ficava o tempo todo em casa, havia surgido. Lembro-me bem do último diálogo que tive com ele antes de partirmos com o grupo em direção ao Uruguai:

— Galego! — que era o modo como ele me chamava desde pequeno. — Ocê cuide bem dessa moça! — disse ele olhando para mim e, depois, apontando para Rosana. — E de sua irmã! — completou em seguida.

— Bênção, pai! — eu pedi, como sempre fazia.

— Deus o abençoe e dê boa sorte! — respondeu ele.

No dia seguinte ao sepultamento, acordamos cedo, sem fome e calados. No fim da manhã, para quebrar um pouco o clima do ambiente, peguei o violão e comecei a dedilhar, sentado em minha cama. A melodia foi naturalmente surgindo em meu coração. Balbuciei: "Ensina-me a adorar mesmo quando há pranto em meu coração!"

Sim, a música começou com a primeira frase da segunda estrofe, feito um caleidoscópio de emoções. Não imaginava que esta seria uma das canções mais marcantes de meu ministério. Naquele dia, Carmélia começou a cantar comigo e, até hoje, ela é a legítima e perfeita intérprete da canção que, de forma simples, expressou o profundo desejo de aprender a confiar em Deus e em seus propósitos para conosco, mesmo nas situações mais difíceis, e de buscar uma comunhão mais intensa com Jesus, permitindo que o seu caráter seja formado em nós.

Ensina-me a amar
Mesmo quando só há ódio ao meu redor
Ensina-me a dar
Mesmo quando não há nada a receber

Ensina-me a aceitar
Tudo que tens preparado para mim
Confiando que tudo está nas tuas mãos
E que tudo vem de ti, Jesus!

Ensina-me a adorar
Mesmo quando há pranto em meu coração
Também a perdoar
Como a mim tens revelado teu perdão
E que eu possa ter mais sede de te conhecer melhor
Cada dia mais vontade de estar ao teu redor
Escutando teu falar
Sentindo teu amor
Vivendo junto a ti, Senhor!

A marca daquele momento foi profunda em nossa família. Iniciava-se uma nova estação para todos nós, sobretudo para mim, visto que as transformações atingiriam muitas áreas de minha vida. Dali em diante, tornamo-nos órfãos de pai, mas com a plena certeza de que Deus guardaria nosso caminho e cuidaria de tudo.

Eu já estava noivo, e me casaria pouco tempo depois, mas pesava sobre mim, mesmo que de forma subjetiva, a responsabilidade para com minha mãe e meus irmãos. Hoje, ao olhar para trás, esse foi, por certo, um dos momentos mais difíceis de nossa vida em família, mas Deus garantiu-nos a vitória completa. Essa canção é uma eterna lembrança daquele período!

A primeira gravação se deu no disco *Eis-me Aqui*, da Life, em 1985. Fez parte do disco *Ensina-me*, da cantora carioca Lilia Franco, em 1991, o que ajudou na divulgação pelo centro do país. Em 1993, foi gravada por Luiz de Carvalho e também deu nome ao seu LP *Ensina-me*, da Bompastor, que posteriormente foi prensado em CD. A música foi incluída no segundo disco instrumental produzido pela Life, *Toque de Adoração*, lançado em 1994. Por sua profunda identidade com nosso ministério, *Ensina-me* foi escolhida para estar no repertório de duas gravações comemorativas: do CD *Jubileu – 25 Anos de Louvor & Adoração*, da Integrity Music, em 2001; e do CD/DVD *Rastros de Amor – 35 Anos de Ministério*, da Som Livre, em 2011, ambas com solo de Carmélia Tonin. Também, no último ano citado, fez parte da coletânea dos *Louvores Inesquecíveis – Vol.9*, da Aliança. Em 2012, essa canção foi gravada no CD *Desistir Jamais*, pela cantora Prudência Araújo, do grupo Irmãs Araújo, em seu primeiro trabalho solo. Ainda registro aqui o belíssimo arranjo e adaptação de *Ensina-me* do maestro Elias José dos Santos, executado pelo Abda Coral & Orquestra, da Assembleia de Deus de Osasco, São Paulo, postado no YouTube em 27 de julho de 2017, hoje com cerca de 500 mil visualizações. Deus continua a usar esta canção, mesmo após 38 anos de sua composição, para ministrar aos corações. Aleluia!

Ensina-me

- Ano: 1981
- Compositor: Asaph Borba
- Gravações: LP, K7 *Eis-me Aqui*; LP, K7, CD *Toque de Adoração*; CD, K7 *Álbum Duplo – Restauração 1&2*; CD *Jubileu – 25 Anos de Louvor & Adoração*; CD/DVD *Rastros de Amor*

Minha vida em teu altar
(Coloco minha vida)

Os dois anos de noivado foram intensos. Com um financiamento em um banco, a venda de um equipamento fotográfico e de um "calhambeque" 1939, meu primeiro carro, consegui comprar um pequeno apartamento de um quarto. O imóvel ficava no Jardim do Salso, um bairro novo de Porto Alegre. Porém, mesmo antes de morar nele, com a ajuda de meus futuros sogros, Roberto e Dora, consegui trocá-lo por um bem melhor, de dois quartos, no mesmo condomínio habitacional. Foi um verdadeiro milagre! Víamos a bênção e a prosperidade do Pai em tudo o que fazíamos.

Nesse planejamento da futura vida a dois, fiz com Rosana uma lista de todas as coisas materiais que precisaríamos e, como quem sonha, incluímos bem no final aquelas que nos pareciam improváveis de obtermos. Então, sem ansiedade, colocamos tudo diante de Deus em oração. As três últimas coisas listadas eram: um ar-condicionado, um telefone e um apartamento próprio. O mais interessante dessa história foi que, de maneira maravilhosa, o Pai, em sua riqueza e glória, começou nossa lista justamente pelo fim. A primeira coisa que Deus oportunizou foi a compra do apartamento, que ainda foi trocado por um maior. O telefone, caríssimo naquela época, comprei muito barato de um tio da Rosana. O ar-condicionado, ficamos com um que sobrou do estúdio e ficou perfeito, pois dava conta do apartamento todo. E, ainda, às vésperas do casamento, eu consegui comprar um carro: uma Variant 1972, verde-abacate, com dez anos de uso, mas inteirinha. Isso foi apenas uma amostra de como seria nossa vida: dependência do Senhor para nossa provisão.

Seguiu-se então a montagem do "ninho". O dinheiro suado vinha de diversas fontes. Trabalhava como secretário da PUCACEG, como mencionei anteriormente; era técnico do pequeno estúdio que Don e eu montamos no centro da cidade; tirava fotografias e também havia me tornado professor de violão. E o que mais aparecesse para fazer, eu fazia. A chave de tudo era caminhar com foco nos alvos que tínhamos na vida e no ministério. Com muita confiança em Deus, servíamos a igreja com intensidade e responsabilidade, reconhecendo sempre que o sustento vem do alto.

Foi nessa época que o pequeno texto bíblico de João 3:27, passou a moldar minha fé integral em Deus: "O homem não pode receber coisa alguma se do céu não lhe for dada."

Durante esse tempo, além de todos os meus afazeres, eu tinha o trabalho semanal de montar e desmontar o som nas reuniões de segunda-feira à noite, agora realizadas em um teatro da cidade. Para isso, o meio de transporte era uma Kombi emprestada pelo casal Edemir e Noemi Bandeira, que sempre me abençoou. Naquela época, eles eram proprietários de um bazar de utilidades domésticas. Toda semana, eu ia à casa deles a fim de buscar o veículo para carregar o equipamento de som e para dar aulas de violão ao seu filho, Josias, e muitas vezes era surpreendido com algum presente para nossa futura casinha.

Foi experimentando esse cuidado e a maravilhosa provisão de Deus que escrevi este cântico, que no ano seguinte tornou-se a canção principal de nossa cerimônia de casamento, realizada no dia 18 de dezembro de 1982.

Coloco minha vida prostrada em teu altar
E tudo que eu espero, entrego em tuas mãos
Pois sei que nada posso por mim mesmo fazer
Ó, vem ser minha vida; Ó, vem ser meu querer,
Ó, vem ser minha vida; Ó, vem ser meu querer!

Os passarinhos voam sem ter preocupação
E a natureza louva a tua criação
E eu que, em Jesus, tornei-me um filho teu, Senhor
Nada me deixará faltar com tua mão a me guiar
Quero depender de ti, preciso depender de ti
Pois em ti eu encontrei: vida!

Essa maneira de viver com fé e pela fé, dependendo de Deus para tudo, foi a chave para o sustento e a prosperidade de nossa casa, que a cada manhã, como os passarinhos, experimentava o cuidado celeste. Rosana e eu aprendemos a viver cada dia assim. Sempre entregamos o nosso futuro a Deus. Aprendemos a plantar nossas sementes na hora certa, as quais foram dando frutos vida afora. Por isso, essa canção ainda é uma realidade para nós!

Sua primeira gravação se deu no disco *Eis-me Aqui*, em 1985. A canção fez parte do CD do livro *Adoração: quando a fé se torna amor*, que gravei, com o amigo João Batista dos Santos, versão violão e voz, em 2012. E, em 2015, *Coloco minha vida* também ganhou versão e gravação em língua inglesa, por Don Stoll.

Minha vida em teu altar (Coloco minha vida)

- Ano: 1981
- Compositor: Asaph Borba
- Gravações: LP, K7 *Eis-me Aqui*; CD, K7 *Álbum Duplo – Restauração 1&2*; CD do livro *Adoração: quando a fé se torna amor*; CD do livro A *Life of Worship: When Faith Becomes Love* (versão em inglês)

Aleluia
(Canto a ti, Senhor, esta canção)

Cada vez mais, o compromisso com Deus e com a igreja se tornava uma prioridade em minha vida. O ministério seguia essa base de amor e de relacionamento com o Pai e com os irmãos. Em função disso, a música congregacional, simples e acessível, passou a ser a tônica na qual se firmava, com intensidade, meu estilo musical.

Uma parte disso herdei do Donald, outra parte fui adquirindo com a prática contínua na vida da igreja local. Tudo o que eu cantava era fruto direto do que vivíamos como povo de Deus em Porto Alegre. Meus pastores pregavam e ensinavam, e, conduzido pelo Espírito Santo, eu transformava a doutrina aprendida em canções.

Outra importante influência do Don em minha formação musical e ministerial foi o gosto pela música de estilo hebraico. A alegria trazida por essa vertente realçava a celebração e as danças que, de forma espontânea, nasciam no meio da igreja. Intensamente, nos anos seguintes, eu veria a festa e o júbilo derramando-se sobre a grande comunidade cristã brasileira.

No final de 1982, pouco antes do meu casamento, recebi um convite do pastor Abílio Pinheiro Chagas, de Bauru, interior de

São Paulo, para ministrar louvor e adoração em um encontro inter-denominacional que enfatizava a unidade da Igreja, ao qual afluiriam pessoas de todo o país e também de nações vizinhas. Depois de falar com meu pastor, Erasmo, comecei a orar com a Rosana a fim de que estivéssemos devidamente preparados para aquele que seria o primeiro evento de grande porte, e de âmbito nacional, no qual eu seria responsável pelo louvor nas reuniões. Ademais, também seria a primeira grande viagem com minha esposa.

Desde o início de minha vida ministerial, a preparação prática para os eventos é simples: orar e adorar. Nesses momentos, penso como será estar neste ou naquele congresso, muitas vezes com pessoas nunca antes vistas por mim. Assim aprendi, desde o princípio, que Deus conhece as necessidades de cada vida em qualquer lugar. Por isso, peço sempre que o Pai coloque os cânticos certos em meu coração. Foi em uma dessas ocasiões que me veio uma unção de alegria, ao refletir sobre o evento que estava por vir. Eu podia antever a Igreja celebrando em grande festa. Em êxtase, comecei a cantar este novo *Aleluia*, uma música com júbilo intenso, ritmo alegre e estilo judaico. Sem muito esforço, as estrofes respondiam a razão de toda aquela festa.

> *Aleluia, aleluia, aleluia*
> *Canto a ti, Senhor, esta canção!*
> *Aleluia, aleluia, aleluia*
> *Canto a ti, Senhor, com meu coração!*
>
> *Porque me deste vida quando havia morte em mim*
> *Me deste alegria quando havia pranto em mim*
> *Por isso o meu cantar*
> *Por isso o meu louvor*
> *Por isso é que eu te dou o meu amor!*
>
> *Porque teu Santo Espírito está sendo derramado*
> *E todo o teu povo está sendo renovado*

Por isso o meu cantar
Por isso o meu louvor
Por isso é que eu te dou o meu amor!

Essa foi a minha primeira canção com a marca inconfundível da celebração na expressão do louvor congregacional. Quando a ensinei no encontro em Bauru, já no ano seguinte, tudo o que antevi em meu espírito se tornou realidade. A festa foi indescritível. Todos os pastores e os líderes presentes avalizavam a alegria que, a partir de então, começou a ser uma tônica na restauração da Igreja no Brasil, que só estava começando. Os pastores Abílio Pinheiro Chagas, anfitrião do evento; Jorge Himitian, vindo da Argentina; e Cristian Romo, vindo do Chile; todos preletores na ocasião, davam o respaldo necessário para toda aquela celebração, que trazia uma liberdade maravilhosa e incomum à forma de louvar da Igreja.

Pouco tempo depois do encontro em Bauru, o missionário Bob Curry, que já tinha estado conosco no início da renovação e participou com muita força de nossa vida e de nosso ministério, passou por Porto Alegre. Em um de nossos cultos, ao ouvir esse cântico, perguntou:

— Quem escreveu essa canção?

Respondi que eu era o autor. Então, ele concluiu profetizando:

— Vais cantar este e outros cânticos em muitas nações!

Guardei essas palavras no coração. Sempre que chego a uma nova nação para louvar a Deus, lembro-me delas. Até agora, já ministrei em cerca de 52 países. A canção, além de ter sido gravada pela primeira vez no disco *Aleluia*, de 1984, também foi uma das faixas do meu primeiro disco em inglês, *I Was Born to Worship You* (Eu nasci para te adorar), em 2006, sob o título *Song of Praise* (Canção de louvor), ambos produções da Life. Esse cântico, em sua versão no inglês, fez parte da seleção do CD produzido para a primeira conferência de adoração na Síria, em 2008,

66 A HISTÓRIA POR TRÁS DA MÚSICA

The Joy of The Lord – Asaph Borba (Middle East Collection), pela International Worshipers Fellowship. Essa canção fez parte da coletânea do CD/DVD *Rastros de Amor – 35 Anos de Ministério*, da Som Livre, em 2011, quando a cantei com Massao Suguihara e Ana Paula Valadão no *Medley de Vitória*.

Aleluia (Canto a ti, Senhor, esta canção)

- Ano: 1982
- Compositor: Asaph Borba
- Gravações: LP, K7 *Aleluia*; CD, K7 *Salmos – Primeiros Anos 3*; CD, K7 *Alegre-se, Israel*; CD *Cânticos de Alegria*; CD *I Was Born to Worship You* (versão em inglês); CD/DVD *Rastros de Amor*

O meu louvor
(O meu louvor é fruto)

Nosso primeiro apartamento era um pedacinho do céu para nós. Embora não tivéssemos todos os móveis, Rosana arrumava tudo de acordo com seus sonhos e gostos, e o lugar mais parecia uma casinha de bonecas que uma casa comum para mim. O primeiro ano de casados foi acima de nossas expectativas. Por sua graça e amor, Deus estava fazendo infinitamente mais do que poderíamos pedir, pensar ou sonhar. Desde o início da vida a dois, tínhamos um grupo de discípulos da igreja debaixo de nosso cuidado. A congregação, como um todo, começava a crescer firme e intensamente, tendo nas celebrações semanais, ainda realizadas às segundas-feiras à noite e nas reuniões de discipulado suas principais atividades. Era uma grande alegria reunir os discípulos para orar e estudar a Palavra em nossa casa. Juntos louvávamos e adorávamos com júbilo ao Senhor.

Foi em uma dessas reuniões, enquanto as pessoas chegavam, que um novo cântico brotou. A melodia simples foi jorrando de meu coração com a poesia baseada no texto de Hebreus 13:15: "Por meio de Jesus, pois, ofereçamos a Deus, sempre, sacrifício de louvor, que é o fruto de lábios que confessam o seu nome."

Eu começara a perceber que o ministério que tinha pela frente não seria fácil. Surgiriam desafios e dilemas, mas Deus estaria comigo. Este cântico sempre me acompanhou, pois é um testemunho e um compromisso para com o Senhor diante do futuro, das lutas e dos confrontos com o mundo, que sempre renovei com convicção. Mesmo que as circunstâncias mais difíceis acontecessem em nosso caminho, meus lábios não se fechariam. A adoração e o louvor seriam constantes em nossas vidas, em nossa casa e em tudo o que fizéssemos.

O meu louvor é fruto do meu amor por ti, Jesus
De lábios que confessam o teu nome
É fruto de tua graça e da paz que encontro em ti
E do teu Espírito que habita em mim
Que habita em mim!

Ainda que as trevas venham me cercar
Ainda que os montes desabem sobre mim
Meus lábios não se fecharão
Pra sempre hei de te louvar!

Ainda que os homens se levantem contra mim
Ainda que cadeias venham me prender
Meus lábios não se fecharão
Pra sempre hei de te louvar!

No final de 1983, na gravação do disco *Nossa Canção*, o arranjo desse cântico foi o primeiro que produzi sozinho. Aceitei o desafio e fiz todos os canais de teclado e violão durante uma madrugada no estúdio de um amigo, Renato Alscher, que por muito tempo foi nosso técnico.

Em 1984, fui novamente convidado para o encontro da unidade da Igreja em Bauru, onde ensinei essa canção pela primeira vez. O grupo Vencedores por Cristo, que também estava presente

O MEU LOUVOR (O MEU LOUVOR É FRUTO) **69**

na ocasião, para minha surpresa, colocou a canção em seu repertório e a gravou no seu disco *Louvor IV*, em 1985. Foi a primeira música de minha autoria gravada por outros irmãos. Essa canção foi incluída no terceiro disco instrumental produzido pela Life, *Toque de Paz*, lançado em 1995.

Por ser parte constante de meu repertório, foi gravada, em 2001, no CD *Jubileu – 25 Anos de Louvor & Adoração*, da Integrity Music, interpretada por Adhemar de Campos. Ainda nesse ano, a canção foi incluída, com uma nova versão, pelo grupo Vencedores por Cristo no CD *Novidade*. Quando fui homenageado com o Troféu Talento por meus 30 anos de ministério, em novembro de 2006, a Line Records lançou um disco intitulado *Seleção de Ouro Asaph Borba*, do qual essa música fez parte.

Essa canção, em português, foi selecionada no CD produzido para a primeira conferência de adoração na Síria, em 2008, *The Joy of The Lord – Asaph Borba* (*Middle East Collection*), pela International Worshipers Fellowship. No mesmo ano, Nathan Soubihe Jr. a gravou em seu CD *Reencontro – O Velho Cântico Novo*. Recebeu uma versão de excelente performance no violão por João Alexandre, que foi veiculada no YouTube em 2010 e acabou rendendo videoaulas na internet. O meu louvor é fruto foi incluída na gravação do CD/DVD *Rastros de Amor – 35 Anos de Ministério*, da Som Livre, interpretada por Paulo Figueiró, em 2011. No último ano citado, foi selecionada na coletânea dos *Louvores Inesquecíveis – Vol.5*, da Aliança.

A canção fez parte do CD do livro *Adoração: quando a fé se torna amor*, que gravei, com o amigo João Batista dos Santos, versão violão e voz, em 2012. Também ganhou versão e gravação em língua inglesa, em 2015, por Don Stoll. Em 2017, fez parte do repertório e também deu nome ao DVD *O Meu Louvor*, de Atilano Muradas, com um ritmo bem brasileiro.

70 A HISTÓRIA POR TRÁS DA MÚSICA

O meu louvor (O meu louvor é fruto)

- Ano: 1983
- Compositor: Asaph Borba
- Gravações: LP, K7 *Nossa Canção*; LP, K7, CD *Mais Que Palavras*; CD, K7 *Os Primeiros Anos – Vol.1*; CD, K7 *Toque de Paz*; CD, K7 *Igreja Viva – Vol.6*; CD *Jubileu – 25 Anos de Louvor & Adoração*; CD/DVD *Rastros de Amor*; CD do livro *Adoração: quando a fé se torna amor*; CD do livro *A Life of Worship: When Faith Becomes Love* (versão em inglês)

Adoramos

A vida a dois tem belezas e alegrias, mas, também, muitos desafios. Com Rosana e eu não foi diferente. Depois de um ano de casados, passamos por algumas adaptações. Por um lado, minhas meias deixadas dentro dos sapatos, debaixo da cama, assim como a falta de asseio e de capricho, a incomodavam. Por outro, seu perfeccionismo me irritava. O extremo cuidado com a "casinha de bonecas" me fazia pisar em ovos dentro de casa.

Certa noite, após um desentendimento, saí por volta das 23h, peguei o carro e fui ao centro da cidade. Acabei parando na frente de um cinema para assistir a um filme qualquer na sessão da meia-noite. Entretanto, no meio da sessão, o coração pesou, pois aquilo que eu estava assistindo em nada me edificava, e a reação que estava tendo não condizia com a atitude de um discípulo de Jesus para com sua esposa. Decidi, então, voltar para casa.

Quando cheguei, pedi perdão à Rosana. Depois de conversarmos, nós nos comprometemos a fazer nossa parte com mais esforço. Vimos que a solução consistia em tratar um ao outro com mais ternura, no amor do Senhor, visando sempre a melhora do

72   A HISTÓRIA POR TRÁS DA MÚSICA

relacionamento e a busca do amadurecimento, fator essencial para um casal viver bem.

Nesse contexto, nasceu esta música. Mesmo em meio a pecados, falhas e culpas, encontramos o amor e a força de Cristo, sempre maiores que nossos erros. É por isso que o adoramos. Sua graça é a força eterna que nos restaura.

A canção ganhou relevância não apenas por esse contexto, mas também por ter sido uma das que ensinei em Bauru, naquele segundo encontro da unidade da Igreja em 1984, onde irmãos de muitas regiões do Brasil aprenderam e divulgaram, passando a ser parte de nossas ministrações Brasil afora. É um cântico simples, congregacional, mas que revela uma grande verdade: o poder da redenção em Cristo para nos perdoar e nos fazer andar em vitória.

Adoramos, adoramos
Aquele que venceu
Adoramos, adoramos
A Cristo, que venceu

Pois não há pecado ou culpa maior que o seu amor
Não há nada que façamos que não possa perdoar
Não há força nesta Terra que o possa derrotar
Nem cadeias ou prisões que não possa rebentar!

Esse foi, também, o primeiro cântico composto por mim a gerar polêmica. Muitas pessoas entenderam que a letra da canção avalizava o pecado. Mas, se olharmos bem, veremos que, pelo contrário, ela enfatiza o poder de Cristo sobre o pecado, a força do amor de Jesus para nos fazer vencer os erros e a culpa, mesmo com cadeias e grilhões para nos impedir. Trata-se de uma canção que destaca o poder restaurador do amor do Pai. Enfatiza, ainda, que o poder de Deus está acima de qualquer influência de destruição, a qual cada vez mais atua no mundo moderno.

ADORAMOS **73**

Minha convivência familiar, assim como a vida comum do lar, foi, e ainda é, uma das maiores fontes de inspiração. Minha amada esposa e, em seguida, meus filhos, que foram chegando, tornaram-se uma escola inigualável de compreensão do amor, da graça, da provisão, do perdão e da esperança que temos em Cristo.

> "Maridos, vós, igualmente, vivei a vida comum do lar, com discernimento; e, tendo consideração para com a vossa mulher como parte mais frágil, tratai-a com dignidade, porque sois, juntamente, herdeiros da mesma graça de vida, para que não se interrompam as vossas orações". (1Pedro 3:7)

A canção foi gravada pela primeira vez em 1984 no disco *Falando entre Vós com Salmos, Hinos e Cânticos Espirituais*, da Life. Também fez parte do segundo disco instrumental produzido pela Life, *Toque de Adoração*, lançado em 1994. Essa canção foi incluída na coletânea do CD/DVD *Rastros de Amor – 35 Anos de Ministério*, da Som Livre, em 2011, quando a cantei com minha esposa Rosana no *Medley de Adoração*.

Adoramos

- Ano: 1983
- Compositor: Asaph Borba
- Gravações: LP, K7 *Falando entre Vós com Salmos, Hinos e Cânticos Espirituais*; LP, K7, CD *Toque de Adoração*; CD, K7 *Salmos – Primeiros Anos 3*; CD/DVD *Rastros de Amor*

Estou edificando a minha Igreja

Os encontros de unidade da igreja em Bauru, dos quais participamos em 1983, 1984 e 1985, foram um marco em nossas vidas. E isso não apenas por terem alavancado nosso ministério Brasil afora, mas também porque lá encontrei pessoas com quem convivo até hoje, entre eles, os queridos amigos: Abílio Chagas Filho, de Bauru; Adhemar de Campos e Gerson Ortega, de São Paulo; e Jorge Himitian, da Argentina.

Em 1983, Abílio Chagas Filho, o Bilão, apresentou-me a Gerson e a sua esposa Miriam. Com Ortega foi amor à primeira nota! Já tinha ouvido o disco *De Vento em Popa*, de 1977, do grupo Vencedores por Cristo, no qual ele era tecladista, mas nunca tínhamos estado juntos. Logo na primeira reunião, a unidade de espírito foi total e ali nasceu uma amizade que tem se mantido firme há mais de três décadas.

Cada vez que eu reencontrava todos esses irmãos em Bauru era uma alegria, e a nossa comunhão se ampliava. Daquela época em diante, minhas amizades não estavam mais restritas a Porto Alegre, mas se estendiam pelo Brasil.

Depois daquele primeiro congresso em Bauru, convidei o Gerson para gravar comigo em Porto Alegre o próximo disco que eu estava começando a produzir com o João Batista. Para minha surpresa, sem hesitar, ele aceitou. Foi a primeira vez que gravamos juntos. O entrosamento dele com o João e com os demais músicos foi total. Tocou o piano, um Fender-Rhodes, e ainda fez arranjos para os instrumentos de sopro. Com esse novo parceiro, o disco simplesmente fluiu.

Frutos da contínua revelação de Deus, os cânticos eram acrescentados enquanto gravávamos no estúdio. Até hoje, nunca fechei um projeto sem dar ao Espírito Santo a oportunidade de acrescentar algo, mesmo que de última hora, e nesse disco foi assim.

Logo após a gravação das bases (piano, violão, baixo e bateria), um irmão chamado Siegfried Zilz, que eu conhecia por seu trabalho missionário e que na época era presidente da Missão Portas Abertas no Brasil, desafiou-me a participar de uma equipe que iria a Cuba com a finalidade de abençoar a Igreja, tão sofrida naquela ilha. A equipe passaria primeiro por Costa Rica e Nicarágua para, então, chegar àquela linda ilha do Caribe.

Depois de orar, e falar com minha esposa e com meus pastores, também entrei em contato com Donald Stoll, nos Estados Unidos, para contar sobre a jornada. Don, então, convidou-me para, na sequência da viagem, passar uns dias com ele em Chicago, Illinois. Foi quando tive a ideia de levar as matrizes da gravação para que Don colocasse os teclados e acrescentasse alguma música. Assim, preparei-me para a viagem, uma das mais excitantes de minha vida. Levei os dois pesados rolos de fita magnética das gravações, os quais pesavam mais de três quilos cada um, e passei com eles por Costa Rica, Nicarágua, Cuba e, depois, México e, por fim, Estados Unidos.

Cuba foi nossa parada mais importante e impactante. A comunidade cristã da emblemática ilha caribenha me cativou. Por lá, visitamos as principais igrejas, ensinamos muitos cânticos, demos palestras em vários locais e, acima de tudo, levamos muita ajuda, como Bíblias, remédios e roupas. Vimos que a obra

76   A HISTÓRIA POR TRÁS DA MÚSICA

de edificação do povo de Deus não parou naquele lugar, mesmo com a perseguição sofrida pelos cristãos. Pastores comprometidos com o reino eterno faziam o sublime e árduo trabalho de edificar a Igreja com ousadia, sacrifício e muito amor.

Seguimos com a equipe para o México e, depois, para os Estados Unidos, onde separei-me do grupo missionário. Minha primeira parada foi no Oregon, para reencontrar o missionário Bob Curry e sua esposa Joan, que há muito tempo não via.

Na semana seguinte, parti ao encontro do Donald. Após dois anos sem vê-lo, a expectativa era grande. Como um de meus objetivos era que Don colocasse teclados no novo disco, logo começamos a ensaiar. Conseguimos um moderno sintetizador com um irmão da igreja dele, chamado Phil Holland. Assim, em um dos dias em que estávamos ensaiando para a gravação, uma canção nasceu. O tema não podia ser outro: profetizar sobre a Igreja. Entendíamos que nosso principal alvo ministerial era cooperar com a edificação do corpo de Cristo de acordo com o projeto de Deus. E foi desse modo que, juntos, começamos a proclamar cada uma das frases que deram forma à nova canção, fruto da visão que estávamos recebendo do Senhor.

> *Estou edificando a minha Igreja*
> *Igreja gloriosa, sem mancha e sem ruga*
> *E diante dela as portas do inferno cairão!*
>
> *Meus filhos olhem a planta*
> *Examinem meu plano de construção*
> *Considerem o fundamento*
> *E atendam ao desejo do meu coração!*
>
> *Pois há uma planta somente*
> *Um plano perfeito lhes dei*
> *Por base, dei Cristo, meu filho*
> *E, de muitos, um só eu farei!*

A gravação dos teclados adicionais ao disco e de duas músicas novas, *Estou edificando a minha Igreja* e *Eu preciso de ti*, foi feita no mesmo estúdio, em Bay City, Michigan, onde gravamos nosso primeiro disco, *Celebraremos com Júbilo*, seis anos antes. Rever Brad Wieland e sua família foi outra grande surpresa em meio a tudo isso. Só então, o disco *Falando entre Vós com Salmos, Hinos e Cânticos Espirituais*, de 1984, verdadeiramente ficou pronto e a canção profética sobre a Igreja marcou esse trabalho.

Todas as viagens e os relacionamentos aqui narrados foram, direta ou indiretamente, parte dessa gravação, que tinha como foco a unidade, a comunhão e a visão profética do louvor. Deus estava fazendo no Brasil, assim como na América Central e no resto do mundo, a magnífica edificação de sua Igreja, da qual todos nós participamos intensamente com nossa música e nossos talentos. Foi também o início de um lindo projeto que resultou em muitas produções e gravações em Cuba e, mais tarde, pelo mundo afora.

Estou edificando a minha Igreja

- Ano: 1984
- Compositores: Asaph Borba e Donald Stoll
- Gravações: LP, K7 *Falando entre Vós com Salmos, Hinos e Cânticos Espirituais*; CD, K7 *Salmos – Primeiros Anos 3*

Eis-me aqui

Depois de minha viagem a Cuba, eu sabia que algo novo começava em minha vida. As portas das nações se escancaravam à minha frente. Eu só pensava em como e quando conseguiria servir ao corpo de Cristo pelo resto do mundo. Porém, o assunto teria de ser gerado e dirigido por Deus, como foram os casos da ida a Cuba e do retorno aos Estados Unidos. Com tudo isso em mente, a próxima etapa não demorou muito a aparecer.

Um dia, fui à casa de Siegfried Zilz, que me perguntou à queima-roupa se eu podia acompanhá-lo em um *tour* de celebrações e testemunho pela Europa, onde visitaríamos diversos países, congressos e igrejas. A pergunta foi como uma bomba de alegria. Os impedimentos eram inúmeros, pois fazia pouco tempo que eu tinha conseguido um emprego na RBS TV — emissora da Rede Globo no Rio Grande do Sul. Além disso, seria difícil deixar a esposa muito tempo sozinha em nosso apartamento. Mas, como sempre, fui orar com meu pastor Erasmo Ungaretti. Juntos, pedimos uma direção a Deus, pois, além das liberações, eu teria que levantar dinheiro para a minha passagem e para os custos de viagem.

Compartilhando o assunto com alguns irmãos, logo o milagre aconteceu. Outro amigo e irmão em Cristo, Syr Martins Filho, comentou:

— Tenho um conhecido em São Paulo que me ofereceu passagens para a Europa muito baratas. Posso falar com ele?

— Sim! — respondi rapidamente.

Em poucos dias, a passagem Porto Alegre-Londres, ida e volta com todas as conexões, por 999 dólares, já estava comprada; e, o melhor: eu poderia pagar após voltar da viagem. Nunca fui de assumir dívidas, mas sabia que Deus estava no controle de tudo, e dessa oportunidade também, por isso tive paz em concordar.

Pouco tempo depois, eu já estava com Siegfried na Europa. A primeira parada foi em Londres, e logo seguimos para o interior da Inglaterra com a Missão Portas Abertas. Fomos a um encontro de missionários, com muito louvor e testemunho, o que ampliou bastante minha visão do mundo carente de Cristo. Ali, pude conviver com protagonistas da obra de Deus em lugares difíceis e distantes. Em seguida, partimos para França e Bélgica. Em cada lugar, compartilhávamos a experiência de nosso trabalho em Cuba e ouvíamos atentos o que Deus vinha fazendo em outras nações da Terra, onde a Igreja também era perseguida. Fui ainda sozinho à Alemanha visitar a Christoffel-Blindenmission (CBM) de Bensheim, organização internacional cristã para ajuda a deficientes carentes, que sustentava a PUCACEG, associação na qual eu ainda auxiliava o avô da Rosana, senhor Lauro Blauth.

Cada vez mais eu sentia que, de uma forma sobrenatural, o Senhor me levaria a fazer parte da sua obra sobre a Terra. Estava experimentando uma pequena gota do que seria minha vida daí em diante. Foi na minha volta para a Inglaterra, contudo, já no fim da viagem, que tive uma das experiências mais importantes e lindas daquela jornada. Ela, por certo, definiu as próximas decisões de minha vida e de meu ministério.

A HISTÓRIA POR TRÁS DA MÚSICA

Fiquei hospedado em uma zona rural no centro da linda Ilha Britânica. A casinha do casal de missionários ficava em uma fazenda cercada de grama verde. Um lugar inspirativo para caminhar, meditar e orar. Foi ali, em um fim de tarde, que saí para ter um tempo de louvor e oração em um monte de pedras no meio do campo. Foi quando me deparei com um quadro inusitado. O pasto nos fundos da casa ficou, de uma hora para outra, cheio de ovelhas. A grama verde era convidativa para o rebanho, que, depois do inverno, saía em busca de alimento. Comecei, então, a fotografar, e muito mais que isso; passei a ouvir a voz de Deus em meu coração, dizendo: "Alimenta minhas ovelhas pelo mundo afora."

Eu já estava sentindo um chamado mais intenso em meu coração; sabia que Deus tinha algo especial para mim, mas pensava que podia conciliá-lo com outras atividades. Naquele momento especial, entretanto, tive certeza de meu destino. Tudo o que tinha ouvido sobre a obra de Deus naqueles dias na Europa, mais a visão das ovelhinhas, trouxe uma orientação clara do rumo que minha vida certamente tomaria no futuro. Sentei em uma pedra e, então, no meio daquele campo e da cena inesquecível, nasceu este cântico:

Quanta coisa tenho feito para o meu próprio prazer
Tenho andado à procura do meu próprio bem viver
Enquanto existe tanta gente ansiosa por aí
Não te conhecendo assim como eu conheço a ti!

O chamado que um dia tu fizeste a mim
E ao qual, sem hesitar, eu disse sim!
Ressoou em meus ouvidos como na primeira vez
E a ti, Jesus, eu novamente digo sim!

Eis-me aqui, eu livre estou ao teu dispor
Para onde tu quiseres me enviar
Me coloco submisso a ti, Senhor
Para o teu querer em mim realizar!

Daquele dia em diante, comecei a nortear todos os meus passos na direção desse chamado. Fui atraído por um desejo inquestionável de preencher meu lugar na obra que Deus tinha reservado para minha vida, para minha esposa e, posteriormente, para meus filhos. Nenhum aspecto profissional ou financeiro foi mais forte que o chamado marcado com essa canção. Deixei meu trabalho na TV colocando-me à disposição de Deus e de meus pastores, cerca de dois anos depois desse evento.

Além da música nascida daquela experiência, uma das fotos que tirei das ovelhinhas ilustrou a capa de nosso disco seguinte, no qual a canção foi gravada e o intitulou, *Restauração I – Eis-me Aqui*, da Life, em 1985. A música fez parte do segundo disco instrumental produzido pela Life, *Toque de Adoração*, lançado em 1994. No final dos anos 1990, foi incluída no CD *Tempo de Colher*, do Projeto "Prosseguir: Até que todos ouçam", da Primeira IPI de Maringá. Também foi selecionada para o CD *Jubileu – 25 Anos de Louvor & Adoração*, da Integrity Music, em 2001. Em 2006, foi gravada por César Morgado e seus filhos, Beatriz e André, no CD *Venha o Teu Reino – Vivendo com Propósito*. Fez parte do repertório do CD/DVD *Rastros de Amor – 35 Anos de Ministério*, em 2011, quando a interpretei junto com minha querida amiga Ana Paula Valadão Bessa. Em 2012, a Banda Graça incluiu essa canção no seu CD/DVD *Multiformas – Do Velho ao Novo*, sua primeira produção.

Eis-me aqui

- Ano: 1985
- Compositor: Asaph Borba
- Gravações: LP, K7 *Eis-me Aqui*; LP, K7, CD *Toque de Adoração*; CD, K7 *Álbum Duplo – Restauração 1&2*; CD *Jubileu – 25 Anos de Louvor & Adoração*; CD/DVD *Rastros de Amor*

Minh'alma engrandece
(Santo)

Quando voltei da Europa, retornei ao trabalho na RBS TV Porto Alegre e ao ministério de louvor na igreja. Porém, com o chamado latente em meu coração, comecei a pensar em como seria viver pela fé, o que trazia muitos desafios. Abrir mão de um salário fixo era um deles. Continuei a realizar as atividades com as quais estava comprometido, mas colocando em oração e atento a voz de Deus para direcionar o processo de transição que já havia começado dentro de mim. Senti, então, uma forte necessidade de otimizar o meu tempo, preparando-me para servir melhor ao Senhor com as minhas capacidades.

Rosana trabalhava como professora de música em duas escolas e continuava estudando em duas faculdades, terminando um curso em uma universidade privada e já em reingresso na universidade federal. Isso me deixava feliz por ela, mas apreensivo quanto a mim, por não ter os turnos do dia tão bem aproveitados. Minha carga horária na TV era de apenas seis horas diárias, que muitas vezes eram noturnas. Os cultos e as reuniões de discipulado eram quase sempre à noite. Ainda auxiliava como voluntário a associação PUCACEG, onde estava concluindo a gravação da Bíblia Falada, a primeira gravada em cassetes em língua portuguesa, a fim de alcançar os deficientes visuais. Porém, esse voluntariado não tinha um horário fixo. Assim, o maior desafio de todos era descobrir como ocupar minhas horas disponíveis do dia visando preparar-me para o que Deus estava me chamando.

Foi também uma época de mudanças na igreja, motivo pelo qual precisei encerrar meu estúdio no centro da cidade, vendendo uma parte do equipamento a um amigo e trazendo o restante para casa.

Então, montei um pequeno estúdio em um dos quartos de nosso apartamento, o que me incentivou a desenvolver os hábitos de louvar a Deus por horas e de gravar as melodias e as harmonias que fluiam naturalmente. Foi ali que também passei a formatar meus primeiros arranjos no sistema digital. Como o tempo de adoração ampliou-se consideravelmente, muitos outros cânticos surgiram. Mais do que nunca, Deus, com sua doce presença, e a Palavra, me inspiravam, tornando-se um manancial de inúmeras canções.

Nosso apartamento transformou-se em altar de um forte fluir do Espírito Santo. Eu ouvia muitas gravações de louvores que trazia de minhas viagens ao exterior, cada vez mais frequentes. Tinha adquirido vários discos de adoração da Inglaterra e da França, com estilos diferentes dos que eu conhecia. Antes, minhas únicas fontes de música cristã no estrangeiro vinham dos Estados Unidos e da Argentina.

Porém, desde a viagem à Europa meu horizonte se ampliara para outros mananciais que o Senhor estava fazendo fluir sobre a Terra. O cantor norte-americano John Michael Talbot, que eu havia conhecido em um evento durante minha primeira estada naquele país, em 1978, já se tornara uma fonte de inspiração. Porém, somava-se a ele uma fita que ganhei na Inglaterra, de um grupo chamado Heartbeat (Batida do coração), que estava sendo de grande influência para mim naquele momento. Sua música suave, no estilo inglês, era a trilha sonora favorita de meus tempos de adoração, em casa ou no carro. Embalado por um desses momentos e com inspiração nesses dois estilos musicais, comecei a entoar uma canção baseada no cântico de Maria, que está em Lucas 1:46,47: "A minha alma engrandece ao Senhor, e o meu espírito se alegrou em Deus, meu Salvador", somado ao versículo 49: "porque o Poderoso me fez grandes coisas. Santo é o seu nome."

Mesmo tendo sido continuamente influenciado e inspirado por outros irmãos, procurei sempre fugir do plágio. Por isso, não tenho medo de citar as fontes, porém sempre enfatizo a autenticidade de cada nova melodia que, com muita força, transbordava do meu coração. Minha esposa, que tem excelente memória musical, sempre me ajudou a evitar cópias de melodias ou poesias, mesmo que eu o fizesse involuntariamente. Confio sempre, também, no genuíno fluir do Espírito Santo, fonte sublime do novo de Deus, e foi assim com esta canção.

> *Minh'alma engrandece ao Senhor*
> *Meu espírito se alegra em Deus, meu salvador*
> *Pois com poder tem feito grandes coisas*
> *E, com misericórdia, demonstrado amor!*
>
> *Santo! Santo!*
> *Santo és, Senhor!*
> *Santo! Santo!*
> *Santo és, Senhor!*
>
> *Tem enchido nossas lâmpadas*
> *Com o óleo do Espírito*
> *Tem feito sua vide florescer!*

A santidade de Deus era enfatizada como doutrina por nossos pastores e foi expressa em forma de canção. "Santo! Santo!", cantávamos alegremente. Logo, esse cântico tornou-se um dos favoritos em nossa congregação, edificando sempre a todos. Até hoje escuto experiências de pessoas que se converteram a Cristo por meio dessa música.

Quando escrevo um cântico, meu maior alvo é ser porta-voz e testemunha da obra e do amor de Deus. Quero sempre expressar algo verdadeiro que flui de minha vida, não apenas para que seja cantado por outros, mas principalmente por mim, quando em plena comunhão com Deus. Desde a primeira vez que entoei esse cântico, ele preencheu completamente esse desejo e esse alvo do meu coração.

Outro ponto relevante é que a canção trazia uma revelação clara da santidade de Deus. Eu vim de um mundo impuro, o qual constantemente lutava contra a santidade demandada pelo Senhor para minha vida, inclusive ministerial e familiar. Toda vez que eu cantava "Santo! Santo! Santo és, Senhor!", a santidade de Deus invadia minha vida, como fruto da unção do Espírito Santo.

Foi o primeiro cântico de uma nova série de músicas que seriam usadas por Deus para formatar a nova época da Igreja brasileira, marcada pelo avivamento e pela renovação. As canções nasciam na simplicidade do lar, na comunhão com Deus, com a esposa e com os discípulos que me foram sendo acrescentados pelo Senhor. O ministério, de forma simples, começou a florescer na intimidade com o Senhor e na proclamação da sua santidade.

Pela primeira vez, para o novo disco, elaborei os arranjos em casa usando a novíssima tecnologia de interface digital para instrumentos musicais (MIDI — *musical instrument digital interface*), a qual sincronizava vários teclados, gerando uma grande orquestra. Para o projeto contei também com a presença de Gerson Ortega, que, com o João Batista, concluiu o trabalho no novo estúdio da ISAEC, pertencente à Igreja

86 A HISTÓRIA POR TRÁS DA MÚSICA

Evangélica de Confissão Luterana no Brasil, localizado no centro de Porto Alegre.

Minh'alma engrandece tem, ainda, outra marca inesquecível. Pouco tempo depois de sua composição, nossos queridos amigos Gerson e Miriam Ortega perderam seu filho Lucas, que tinha somente alguns meses de vida. Desde o voo para São Paulo, a caminho do velório, até chegar à cerimônia, fui entoando essa canção. Naturalmente, esse acabou sendo um dos cânticos que ministrei naquela hora tão difícil para todos nós, o qual encheu aquele momento da plenitude de Deus.

A primeira gravação desse cântico foi no disco *Restauração II – Canções do Espírito Santo*, em 1986. A segunda foi em meu primeiro disco ao vivo *Adoração & Louvor*, gravado em Massachusetts, Estados Unidos, em 1992, e lançado pela Life em 1993. Também em 1992, o cantor Nilton Santos gravou essa canção em seu disco *Comunhão*, no estúdio da Life, e a relançou, em 2008, no seu CD *Resgate*. No ano 2000, foi gravada pelo saxofonista André Paganelli, no CD *Instrumental Praise 3*, da Aliança. Fez parte da coletânea do *Jubileu – 25 Anos de Louvor & Adoração*, da Integrity Music, em 2001, interpretada por Gerson Ortega. Em 2003, eu a gravei em Santiago, no Chile, junto a uma seleção de canções de minha autoria, com versões em espanhol, no CD *Le Adoraremos hasta el Fin del Mundo*, da Vida Producciones Ltda.

O Ministério de Louvor & Adoração, da Igreja Batista Shalom, em 2008, gravou esse cântico ao vivo no CD *Esforça-te, Tem Bom Ânimo e Não Desita*. A canção foi incluída no CD/DVD *Rastros de Amor – 35 Anos de Ministério*, da Som Livre, em 2011, quando a cantei com Gerson Ortega e Paulo Figueiró no *Medley de Alegria*. Ainda nesse ano, foi selecionada na coletânea dos *Louvores Inesquecíveis – Vol.3*, da Aliança. A canção fez parte do CD do livro *Adoração: quando a fé se torna amor*, que gravei, com o amigo João Batista dos Santos, versão violão e voz, em 2012.

Em 2015, também ganhou versão e gravação em língua inglesa, por Don Stoll. E fez parte, em 2017, do DVD *O Meu Louvor*, de Atilano Muradas, com um ritmo bem brasileiro.

Minh'alma engrandece (Santo)

- Ano: 1985
- Compositor: Asaph Borba
- Gravações: LP, K7 *Canções do Espírito Santo*; CD, K7 *Álbum Duplo – Restauração 1&2*; LP, K7, CD *Adoração & Louvor*; CD *Jubileu – 25 Anos de Louvor & Adoração*; CD *Le Adoraremos hasta el Fin del Mundo* – Chile (versão em espanhol); CD/DVD *Rastros de Amor*; CD do livro *Adoração: quando a fé se torna amor*; CD do livro *A Life of Worship: When Faith Becomes Love* (versão em inglês)

Canto de vitória

Durante o tempo em que ainda trabalhei na RBS TV, a agenda se tornou mais intensa. Em função do meu chamado para o ministério, eu sabia que não ficaria por muito mais tempo naquele emprego, porém eu tinha um contrato a cumprir. Por ser supervisor de operações de áudio, mesmo com seis horas de carga horária por dia, eu trabalhava de segunda a sábado e, às vezes, até aos domingos. A luta para manter as demais atividades da igreja, meu tempo devocional no pequeno estúdio em casa, as viagens ministeriais, e até os compromissos com a esposa e a família, agora era constante.

Em 1985, nosso terceiro ano de casamento, Rosana e eu prosperávamos com alegria tudo o que o Pai havia colocado em nossas mãos e o grupo de discípulos em casa, os quais o Senhor nos confiara, continuava a crescer.

No meio do ano, meu pastor Moysés e eu fomos convidados pelo amigo Harry Scates, o Ary, da Shalom Comunidade Cristã, para uma série de conferências e um retiro com músicos da região, na cidade de Uberlândia, em Minas Gerais. Nessa ocasião conheci, além de Bené Gomes (Benedito Carlos), outro precioso irmão, Paulo Júnior, que era o líder da banda Sal da Terra.

CANTO DE VITÓRIA   89

Cito esses dois irmãos pela importância que ambos tiveram em minha caminhada daquele momento em diante.

Não posso deixar de mencionar, também, a comunhão com a família Scates, sempre enriquecedora. Ary era e é um exemplo de missionário cheio de amor, que deixou tudo em sua terra natal, os Estados Unidos, para semear a graça de Deus no Brasil e sobre a Terra.

No sábado à noite, após alguns dias de congresso, a unção do Senhor derramou-se no ginásio de esportes da cidade onde nos reunimos. Deus genuinamente fluia em meio ao louvor e a Palavra. Nossa equipe, formada por Jan Gottfridsson, João Batista dos Santos, Rosana e minha irmã Carmélia, era cheia de alegria. Nessa energia, começamos a entoar cânticos espontâneos, isto é, nunca cantados antes. As letras iam surgindo, de forma natural, para cada um de nós. Moysés veio, então, à frente e começou a profetizar, dizendo que tínhamos um cântico de vitória escrito por Jesus na cruz. A frase foi suficiente para chamar minha atenção; anotei-a para não esquecer. A curta melodia surgiu com naturalidade e comecei a cantar a frase anotada.

No fim de semana seguinte, eu estava de volta à RBS TV para retransmitir ao vivo um famoso programa semanal de auditório chamado *Buzina do Chacrinha*. A atração fazia parte da grade da Rede Globo de Televisão, por isso requeria atenção total das associadas, visto que tinha bons patrocinadores. Com fones de ouvido, escutando o programa, comecei a sentir a canção em meu coração: "Eu tenho em mim um canto de vitória". Logo, a melodia continuou fluindo e a poesia a acompanhava. Peguei o papel do roteiro do programa e escrevi:

> *Eu tenho em mim um canto de vitória*
> *Que foi escrito por Jesus na cruz*
> *Um canto lindo que mudou a história*
> *E que ao mundo em trevas trouxe luz*
>
> *Eu tenho em mim um canto de esperança*
> *Que a todos eu preciso proclamar*

A HISTÓRIA POR TRÁS DA MÚSICA

Jesus firmou comigo uma aliança
Na qual eu vivo e posso descansar

Eu tenho em mim um canto de alegria
Eu tenho em mim um hino de louvor
Não apenas de palavras
Mas de vida e amor
Que testemunha a vitória do Senhor!

Com meus lábios canto a verdade
Que o rei Jesus em breve voltará
Virá com seu poder e majestade
E, com sua Igreja, em glória reinará!

Ao chegar em casa, no fim da tarde, cantei imediatamente a canção para a Rosana e ela escreveu a última estrofe, que teve uma pequena mudança no verão de 1986, em um retiro na cidade de Biguaçu, Santa Catarina, por sugestão do pastor Miguel Piper, da Comunidade Cristã de Curitiba. Ele foi enfático:

— A letra fica mais bíblica se você, em vez de cantar "e a sua Igreja, em glória, levará!", trocar por "e, com sua Igreja, em glória reinará!"

A mudança foi facilmente aceita, pois nosso principal fundamento com relação às canções que compomos e ensinamos, é sermos fiéis à Palavra de Deus.

Em 1987, recebi uma equipe da Comunidade Evangélica do Rio de Janeiro para fazer a gravação do disco *Ao Que Vencer*. Alguns dos integrantes eram o pastor Marco Antônio Peixoto; o músico tecladista Nilson Ferreira; uma moça convertida a pouco mais de um ano, mas com muito talento para compor e uma linda voz, Ludmila Ferber; além de Ronaldo e Sandra Barros, os pais de uma garotinha chamada Aline. Quando lhes mostrei o cântico, quiseram acrescentá-lo ao seu trabalho, pois enfatizava o tema da vitória em Cristo. Foi assim a primeira gravação da canção, lançada em 1988 neste trabalho. Foram eles os responsáveis pela primeira divulgação nacional do *Canto de vitória*, especialmente no estado do Rio de Janeiro. Em 1990, a canção foi incluída no disco *Mais Que Palavras*, de minha irmã Carmélia, da Life. Na sequência, outros cantores do Rio a gravaram, entre eles, a cantora Lilia Franco, que a interpretou em seu disco, *Novo Cântico*, em 1992. Foi, então, incluída no disco *Louvores da ADHONEP*, o primeiro da série, que foi lançado no encontro nacional de 1995, realizado também no Rio de Janeiro, onde o *Canto de vitória* era parte de nosso repertório de louvores. Essa é a razão por que a canção é tão conhecida neste estado, e espalhou-se a partir dele para todo o Brasil. Foi gravada por nosso ministério no CD *Jubileu – 25 Anos de Louvor & Adoração*, da Integrity Music, em 2001, com interpretação de Alda Célia; e fez parte da *Seleção de Ouro Asaph Borba*, da Line Records, em 2006. Nesse mesmo ano, foi gravada em Porto Alegre pelo Ministério Brasa, sendo interpretada pelos queridos Marcelo Guimarães e André Nascimento, no CD *Lugar Secreto*. Por sua relevância no país, foi escolhida para fazer parte do DVD *Rastros de Amor – 35 Anos de Ministério*, da Som Livre, em 2011, e a cantei com minha irmã Carmélia Tonin. No último ano citado, também foi selecionada para a coletânea dos *Louvores Inesquecíveis – Vol.8*, da Aliança.

Canto de vitória é um testemunho e uma proclamação sempre atual e ainda hoje recebo pedidos de licença para gravá-la. Em 2018, cantei esta canção com meu sobrinho Lucas Tonin e os irmãos de nossa comunidade em Porto Alegre no CD *COMUNIDADE*, projeto de composições de nossa igreja local, lançado em 2019.

Canto de vitória

- Ano: 1985
- Compositores: Asaph e Lígia Rosana Borba
- Gravações: LP, K7, CD *Mais Que Palavras*; LP, K7, CD *Louvores da ADHONEP – Vol.1*; CD *Jubileu – 25 Anos de Louvor & Adoração*; DVD *Rastros de Amor*

Jesus, em tua presença
(Só pra te adorar)

Como já narrei, conheci Benedito Carlos Gomes, o Bené, e sua esposa Suédna, no ano de 1985, na cidade de Uberlândia. Ambos me convidaram para visitar a Comunidade Evangélica de Goiânia, o que aconteceu poucos meses depois. Na ocasião, aproximei-me também de seus pastores, Robson Rodovalho e César Augusto Machado, conhecidos meus dos encontros em Bauru. Esse grupo, com quem convivi intensamente nos anos seguintes, passou a representar um movimento que influenciaria de forma notória a Igreja brasileira, assim como minha vida e meu ministério.

Nessa primeira visita, além de conhecer o potencial da equipe local de músicos, formada por Bené, Alda Célia, Silvério Peres e Márcio Pereira, entre outros, fui convidado para participar de um encontro de âmbito nacional, o qual seria realizado por essa igreja de Goiânia em parceria com outras da região, na cidade de Brasília.

Mais uma riqueza dessa ida a Goiânia foi ouvir os cânticos dados por Deus a esses irmãos. Sem dúvida, eles estavam, assim como eu, ouvindo o céu. O foco desse primeiro contato foi, contudo, a minha participação no evento em Brasília. Quando voltei a Porto Alegre, os preparativos e os ensaios eram muitos, portanto comecei a fazer uma lista de músicas que julgava apropriadas para a situação, mas sentia que estava incompleta.

Até então, meu processo de criação era um tanto intuitivo, o que gerava certa ansiedade, pois constantemente tinha o desejo de comunicar algo que ardia em meu coração, sem, entretanto, encontrar a música certa, já que ela sequer existia.

Um dia, sentei-me ao recém-adquirido piano acústico para um tempo de louvor em casa. Depois de cantar alguns cânticos, comecei a sentir, de forma bem sutil, o fluir de uma melodia simples com acordes de ré maior e sol maior. A letra logo me veio aos lábios: "Jesus, em tua presença reunimo-nos aqui!".

Repeti a frase muitas vezes até a próxima linha surgir, trazendo o que eu queria expressar diante de Deus: "Contemplamos tua face e rendemo-nos a ti." Expressões que eu jamais havia usado mostravam a vontade de uma comunhão mais íntima com o Pai. Contemplar a face de Deus, a princípio, parecia algo impossível e de difícil entendimento, até mesmo um tanto fora da realidade, para que se encaixasse em uma canção. Contudo, eu sabia que podia fazê-lo espiritualmente, pois sentia, com clareza, que esse tipo de relacionamento era o desejo do Pai e do meu coração, sedento por sua presença. Sem dúvida, o instante de revelação fazia daquele momento algo único em minha vida de comunhão com Deus. Meu desejo em meio aquela experiência era, e ainda é, o que expressa Davi no Salmo 27:4: "Uma coisa peço ao Senhor, e a buscarei: que eu possa morar na casa do Senhor todos os dias da minha vida, para contemplar a beleza do Senhor e meditar no seu templo."

O cântico, então, nasceu: letra e música foram surgindo intensamente. A alegria incontida transbordava em meu espírito. Nem nos meus sonhos eu poderia imaginar que entoaria essa canção por todo o Brasil e mundo afora por muitos e muitos anos. Naquela hora, tinha apenas a beleza do momento, o que, para mim, era plenamente suficiente.

Na época, os amigos Jan Gottfridsson e Jairo Junqueira passavam em minha casa semanalmente pela manhã para orar. Creio que foram os primeiros a ouvir esta canção. Meu querido Jan, que por muito tempo escutou em "primeira mão" todos os meus cânticos novos, costumava dizer que, quando ele sentia um arrepio, a canção tinha algo especial. Foi exatamente assim com essa música.

Em uma das reuniões seguintes, na igreja em Porto Alegre, com muita expectativa, ensinei o novo cântico, logo muito bem aceito pelos irmãos, que passaram a cantá-lo com fervor. Era a simples revelação da morte de Cristo que nos trouxe vida e pleno acesso ao coração do Pai. Parecia que os portais do céu se abriam para um novo caminho de adoração em espírito e em verdade, na direção da santa presença de Deus.

> *Jesus, em tua presença reunimo-nos aqui*
> *Contemplamos tua face e rendemo-nos a ti*
> *Pois um dia tua morte trouxe vida a todos nós*
> *E nos deu completo acesso ao coração do Pai*
>
> *O véu que separava*
> *Já não separa mais*
> *A luz que outrora apagada*
> *Agora brilha*
> *E cada dia brilha mais!*
>
> *Só pra te adorar*
> *E fazer teu nome grande*
> *E te dar o louvor que é devido*
> *Estamos nós aqui!*

Essa música marcou uma nova etapa em meu processo de composição. Eu não esperaria mais até ser inspirado por algo;

JESUS, EM TUA PRESENÇA (SÓ PRA TE ADORAR) **95**

passaria, sim, a reservar algum tempo de qualidade a fim de que Deus simplesmente me inspirasse. Sentaria ao piano ou pegaria o violão, um caderno e um lápis e deixaria fluir, como faço até hoje.

Não que eu não precise de inspiração, mas reconheço que a busca de Deus em oração, com a imersão em sua Palavra, é um instrumento muito mais eficaz para a produção musical. De qualquer modo, depois de tantos anos, não posso enquadrar esse complexo processo criativo em uma receita, pois é necessária uma boa dosagem de talento, de inspiração e de preparação técnica, além de muita busca espiritual. Acentuo, ainda, a essencial unção do Espírito Santo, da qual não podemos abrir mão em nossas composições.

Ensaiei esse cântico com a equipe que me acompanharia e, junto com as canções *Minh'alma engrandece*, também de minha autoria, e *Espírito*, de meu amigo Júlio Figueiró, levei-o ao encontro em Brasília. Essas três músicas marcaram o congresso e, então, correram como fogo em grama seca por todo o Brasil. Poucos meses depois, ainda em 1986, gravei o LP *Restauração II – Canções do Espírito Santo*, incluindo estas músicas, na época o disco mais vendido de nosso ministério. O precioso Paulo Figueiró, irmão do Júlio, com sua voz marcante, interpretou a primeira versão de *Jesus, em tua presença*, o que realçou o arranjo moderno feito por Gerson Ortega, com as novas tecnologias digitais que começavam a surgir. Também foi Paulo Figueiró que novamente interpretou essa canção, quinze anos depois, em 2001, na gravação do CD *Jubileu – 25 Anos de Louvor & Adoração*, da Integrity Music.

Jesus, em tua presença tornou-se tão conhecida, que faz parte de vários hinários evangélicos, entre eles, o Hinário Luterano e, também, a Harpa Cristã, onde está registrado como hino número 642. Essa música também fez parte do primeiro disco instrumental produzido pela Life, *Vive o Senhor*, lançado em 1989.

Ao longo dos anos, a canção foi gravada por vários cantores, que muitas vezes colocaram sua autoria como domínio público, de tão difundida que se tornou, em tempos anteriores à internet. O cantor Kalebe a gravou, em 1994, em seu disco *Brilha, Jesus*. A cantora Marilene Vieira gravou essa canção, em 2003, no CD *Pare e Pense 3*, uma série destinada às crianças. Em 2006, fez parte do repertório do CD/DVD *30 Anos de Louvor e Adoração*, da Life; da gravação do Quatro por Um com Aline Barros no álbum *Um Chamado*, da MK Music; e da *Seleção de Ouro Asaph Borba*, da Line Records. A canção foi gravada ao vivo, em 2010, na Catedral da Igreja Cristã Nova Vida, no CD *Vitória da Paixão*, pelo coral Geração Ação, formado por jovens de diferentes igrejas da Aliança das Igrejas Cristãs Nova Vida.

Em 2011, foi gravada no CD/DVD *Rastros de Amor – 35 Anos de Ministério*, da Som Livre, por Adhemar de Campos e eu; e no CD BÔNUS/DVD *Sol da Justiça – Diante do Trono 14*, quando cantei essa canção no *Medley Asaph Borba*, com Ana Paula Valadão e sua equipe. Também neste ano, após ser homenageado com o Troféu Promessas, a Som Livre incluiu *Jesus, em tua presença* em sua quarta coletânea gospel, intitulada *Promessas Adoração*. Ainda em 2011, o cântico foi selecionado para o repertório dos *Louvores Inesquecíveis – Vol.1*, da Aliança. A canção fez parte do CD do livro *Adoração: quando a fé se torna amor*, que gravei com o amigo João Batista dos Santos, versão violão e voz, em 2012. Tem versões traduzidas e em uso para o espanhol e o italiano e, em 2015, ganhou versão e gravação em língua inglesa, por Don Stoll. Em 2017, com um ritmo brasileiro, fez parte do DVD *O Meu Louvor*, de Atilano Muradas. Ainda nesse ano, foi incluída no CD *CONPLEI JOVEM*, em apoio aos projetos da Igreja Evangélica Indígena no Brasil, como uma parceria da Life.

O alcance da mensagem desse cântico, com mais de três décadas, se pode ver ainda hoje através das mídias sociais digitais, onde encontramos as gerações mais novas de músicos cristãos usando esse louvor em suas ministrações e, até mesmo, dando testemunho sobre ele. Em 1 de novembro de 2016, o cantor PG publicou, em seu canal do YouTube, uma gravação dessa canção falando sobre o que ela representava, em seu programa PG Música & Palavra (*Jesus, em tua presença*), gravado em 28 de outubro de 2016. O Ministério Morada publicou no canal Batista da Glória, em 13 de abril de 2018, *Morada – Jesus, em tua presença*, onde a canção foi gravada por Brunão e sua banda na Conferência Seven Beyond da Igreja Batista da Glória, em 30 de março de 2018, na cidade de Londrina, Paraná.

O canal Gospel Music publicou em 7 de junho de 2018, uma ministração ao vivo de Gabriel Guedes cantando *Jesus, em tua presença* na Conferência do Espírito Santo 2018, "Até ver a Tua Glória", na Igreja Batista da Lagoinha, em Belo Horizonte, Minas Gerais. Além das pessoas presentes nessas gravações, somadas até agora são cerca de 2 milhões de visualizações. É maravilhoso ver como Deus pode inspirar uma composição há mais de 30 anos e usá-la por tantos anos, e até os dias de hoje, para alcançar e abençoar vidas. Deus seja louvado!

Ainda hoje, eu ministro esse cântico com a mesma alegria e o mesmo fluir. Ele é sempre novo em meu coração, pelo que representa para mim e para a Igreja no Brasil.

Pelos testemunhos que ouvi no decorrer dos anos, essa canção foi instrumento de Deus para transformar e inspirar vidas, bem como para renovar igrejas e uma ferramenta divina para abrir os corações à verdadeira adoração.

Jesus, em tua presença (Só pra te adorar)

- Ano: 1986
- Compositor: Asaph Borba
- Gravações: LP, K7 *Canções do Espírito Santo*; LP, K7, CD *Vive o Senhor*; CD, K7 *Álbum Duplo – Restauração 1&2*; CD, K7 *Louvores da ADHONEP – Vol.4*; CD *Jubileu – 25 Anos de Louvor & Adoração*; CD/DVD *30 Anos de Louvor e Adoração*; CD/DVD *Rastros de Amor*; CD do livro *Adoração: quando a fé se torna amor*; CD do livro *A Life of Worship: When Faith Becomes Love* (versão em inglês); CD *CONPLEI JOVEM*

Cordão de três dobras

(É melhor serem dois do que um)

Nossa vida familiar sempre foi feliz. Nem em sonho eu poderia imaginar uma esposa tão companheira e amiga, além de uma construtora fiel de todos os projetos que Deus confiava a nós. Mesmo criados em ambientes e de formas tão diferentes, o reino de Deus nos unia, pois estava em primeiro lugar em nossas vidas. Nos momentos de adaptações ou divergências, que certamente enfrentamos, a obediência a Deus prevalecia. Sabíamos que quanto mais próximos estivéssemos da semelhança de Cristo, mais parecidos nos tornaríamos. Decidimos que o pacto feito diante de Deus em nosso casamento seria maior e mais importante que os nossos sentimentos. Honraríamos a aliança que fizemos vivendo de acordo com a Palavra de Deus em nosso lar.

Mesmo ainda sem filhos, nossa vida era intensa e rodeada de irmãos. Participávamos das reuniões semanais da igreja sempre com muita disposição para louvar a Deus e alegria em rever a todos que conosco congregavam. Estávamos em um discipulado de casais com nossos pastores Erasmo e Gelsa, e ainda seguíamos no cuidado dos discípulos junto a nós. Em meio a todos esses relacionamentos, posso dizer que aprendemos a viver em comunidade, o que, no decorrer dos anos, se tornou um dos aspectos mais importantes e um dos pilares que sustentam nossa vida e nosso ministério: ser Igreja no lar.

Também víamos no mundo ao nosso redor muitas pessoas tomando o caminho da solidão e do isolamento. Outras, inquietas nos relacionamentos, não hesitando em arrancar suas raízes, sempre buscando a felicidade, algo nunca encontrado em outras pessoas, mas que somente Deus poderia dar. Sim, sabíamos a diferença que era viver a vida de casal e de família com os princípios de Deus e gozar de sua benção.

Nesse contexto, nos anos que se seguiram, Rosana e eu começamos a compor cânticos para a família e para a vida em comunidade em todos os âmbitos, expressando por meio de suas poesias, de forma simples e prática, a importância e a benção de viver os princípios da Palavra para os casais, os filhos e a Igreja em geral.

O eterno propósito de Deus é ter uma família de muitos filhos semelhantes a Jesus para sua glória e louvor. Deus fez o homem para viver em família!

Um dia, em minha casa, comecei a meditar no texto de Eclesiastes 4:9-12, que diz:

> "Melhor é serem dois do que um, porque têm melhor paga do seu trabalho. Porque se caírem, um levanta o companheiro; ai, porém, do que estiver só; pois, caindo, não haverá quem o levante. Também, se dois dormirem juntos, eles se aquentarão; mas um só como se aquentará? Se alguém quiser prevalecer contra um, os dois lhe resistirão; o cordão de três dobras não se rebenta com facilidade".

Enquanto lia o texto, lembrei-me de uma cantiga que escutara muitos anos antes, que ainda tinha na memória. Ela dizia que sozinho a gente poderia até ir mais rápido, mas não iria tão longe. Pensei, então, na diferença de velocidade que Rosana e eu tínhamos para realizar qualquer coisa, o que, às vezes, me inquietava. Perdi muito tempo em minha adolescência em meio às drogas e longe do estudo, e, também, nunca fui muito detalhista com as coisas do dia a dia, no vestir ou quanto a casa, razão pela qual estava sempre apressado. Tudo isso era muito distinto entre ela e eu, somado ao fato de Rosana, muitas vezes, não ser pontual por não se organizar muito bem quanto ao tempo disponível. Sem dúvida, isso gerava tensões em nosso relacionamento.

Então, aqueles versículos de Eclesiastes me vieram à cabeça, me fazendo refletir sobre a benção de aprender a andar juntos e descobrir a hora de ajudar o outro a acelerar e a hora de se deixar aquietar pelo outro, para em todas as áreas chegarem bem mais longe.

Foi assim que surgiu este cântico que valoriza a vida em comum, iniciando-se pelo casal, mas também pensando na família e na comunidade. Uma canção contra o individualismo, o isolamento, a impulsividade e a impaciência, os quais tantos problemas causam nos relacionamentos nos dias de hoje.

A canção também declara o poder da aliança que é feita debaixo da benção de Deus, e tudo o que a Palavra diz que o "não andar sozinho" traz de benefícios.

Quem anda sozinho pode ir mais rápido
Mas nem sempre vai mais longe
Pois temos aprendido que é melhor serem dois do que um
É bem melhor serem dois do que um
Porque o cordão de três dobras não se pode romper!

Quando dois trabalham, há mais ganho em seu labor
Quando há tristeza, há consolo para dor
E, quando um cair, juntos se levantarão
Estando unidos na batalha, vencerão!

Quem anda sozinho pode ir mais rápido
Mas nem sempre vai mais longe
Pois temos aprendido que é melhor serem dois do que um
É bem melhor serem dois com Jesus
Porque o cordão de três dobras não se pode romper!

Nos anos seguintes, depois de ser gravada em nosso disco *Família 1 – Celebrando a União do nosso Amor*, lançado em 1990, a música passou a ser cantada em casamentos e em festas de família Brasil afora.

No ano de 2000, essa canção foi interpretada, em uma linda versão, pela cantora e amiga Aline Barros, em seu disco *Eterno Amor*.

Mais recentemente, foi incluída por Ana Paula Valadão Bessa do Ministério Diante do Trono no CD *Eu e a minha Casa*, no qual ela acrescentou uma doce introdução à música. Rosana e eu gravamos a canção ao vivo, junto com essa preciosa amiga, na Igreja Batista da Lagoinha, em Belo Horizonte, Minas Gerais, no Congresso Homens e Mulheres Diante do Trono de 2017. O trabalho foi lançado em CD e nas plataformas digitais em 2018.

Cordão de três dobras
(É melhor serem dois do que um)

- Ano: 1986
- Compositor: Asaph Borba
- Gravações: LP, K7 *Celebrando a União do nosso Amor*; CD, K7 *Família 1 e 2*; CD *Família de Deus*; álbum do livro *A história por trás da música*

Reina o Senhor
(Salmo 99)

Por fim, em fevereiro de 1987, após o carnaval, saí da RBS TV Porto Alegre para seguir minha vocação ministerial. Logo depois que retornei das férias, meu pastor Erasmo chamou-me e disse que, a partir daquele ano, Rosana e eu seríamos discipulados pelo pastor Moysés Moraes e sua esposa Lygia. De certa forma, Moysés já estava ministerialmente mais próximo de mim naqueles últimos anos, pois eu viajava constantemente com ele pelo Brasil afora e tínhamos muita comunhão e amizade. A mudança estava sendo feita porque os dois pastores concordaram que, nesta nova etapa de dedicação total ao chamado, dessa maneira nossa vida pessoal e ministério teriam melhor acompanhamento e crescimento.

Também, depois dos encontros em Bauru e em Brasília, os convites para viajar pipocavam, vindos de todo o Brasil, tanto para ministrar em igrejas quanto para eventos. Mensalmente, eu entregava ao pastor Moysés uma pasta com as cartas vindas de diversos lugares, para que ele as levasse à liderança da igreja, a fim de que pudessem decidir comigo o que era mais relevante atender, pois tinha me colocado a serviço, em tempo integral,

REINA O SENHOR (SALMO 99) 103

à nossa congregação em Porto Alegre e, por tabela, ao reino de Deus.

O objetivo principal dessa avaliação era que eu fosse onde tivesse liberdade para ministrar e houvesse espaço para o livre mover do Espírito Santo. Então, estabelecemos três critérios para avaliar cada convite recebido:

- Sempre priorizar igrejas e eventos onde sentíamos que havia sede por Deus, e não apenas o desejo pela minha presença.
- Não participar de apresentações nas quais houvesse cobrança de ingresso, salvo se beneficente por uma causa cristã. Evitar eventos de natureza puramente comercial e/ou para promover pessoas, coisas ou estruturas.
- Não cobrar para ministrar, isto é, não colocar valor no meu serviço ao Senhor, apesar de estar aberto para aceitar as ofertas das igrejas e dádivas dos irmãos.

As reuniões semanais de nossa congregação continuavam às segundas-feiras. Então, eu viajava nos finais de semana atendendo aos convites e ainda voltava a tempo para os cultos da igreja. E foi dessa maneira que pude realizar o ministério extralocal por muitos anos, estando disponível para servir nossa comunidade em Porto Alegre.

Desde o lançamento do disco *Restauração I – Eis-me Aqui*, em 1985, que obteve uma vendagem expressiva por meio dos congressos que passei a participar pelo país, das muitas igrejas onde ministrei e, também, do Centro de Literatura Cristã (CLC), que na época distribuía nossos LPs e cassetes aos milhares por todo o Brasil, foi que, então, tive condições de alavancar a Life. Cláudio Cabral, discípulo amado, juntamente com meu padrinho de casamento, o contador Edemir Bandeira, e seu filho Josias, foram os irmãos que me ajudaram nessa estruturação. Já tínhamos a Life como ministério e pessoa jurídica, mas agora estava sendo organizada como empresa. Porém, com o lançamento do disco *Restauração II – Canções do Espírito Santo*, em 1986, a dimensão de tudo se ampliou de tal maneira que o espaço que dispúnhamos para armazenamento de nosso material, dos instrumentos musicais, e ainda para o escritório, em uma peça da casa de meus sogros, Roberto e Dora, se tornara insuficiente.

Além disso, o estúdio caseiro que tínhamos em um dos quartos de nosso apartamento, desde que havíamos saído da sala junto a sede da igreja no centro da cidade, acabou ficando pequeno e barulhento, pois não tinha isolamento acústico. Com alguma frequência, tínhamos reclamações dos vizinhos do condomínio por causa do som alto, mesmo durante o dia, o que acabava prejudicando o convívio e o nosso testemunho. Assim, Rosana e eu já estávamos orando por outro lugar para o estúdio, onde pudéssemos isolar acusticamente e também montar toda parafernália que crescia a cada dia e se amontoava em nossa casa.

Sempre tivemos sonhos para com o ministério, entre eles, o de ter um estúdio com mais condições, mais espaçoso, com os melhores equipamentos que pudéssemos adquirir. Então, quando saí da televisão, usei quase todo o valor da minha rescisão de contrato de trabalho para comprar novos teclados e gravadores, a fim de montar um bom estúdio de produção em outro local.

Então, em 1987, conseguimos alugar um conjunto de salas que ficava em um ótimo bairro da cidade. Novamente, com a ajuda de Cláudio Cabral e, ainda, Hélio Campos, um baterista cristão paulista que se mudou para Porto Alegre, nossa Life saía da casa dos meus sogros — onde estava o estoque do nosso material — e do meu apartamento — onde era o *home studio* — e agora ganhava uma sede própria, operando como uma empresa de produção e venda de discos e cassetes. O local era o subsolo de um prédio na avenida Bagé, no bairro Petrópolis. O espaço não era muito grande, mas tudo ficou bem montadinho. Cláudio e Hélio continuaram me ajudando na administração por um tempo.

Meu cunhado, Márcio Rocha, que já trabalhava comigo reproduzindo nossos próprios cassetes desde 1982, agora tinha uma sala preparada para esse serviço e tornou-se sócio da empresa por oito anos. Toda a produção de LPs era feita nas fábricas de São Paulo, porém os cassetes saíam de uma grande pilha com 20 gravadores que cobriam uma parede dessa sala e milhares de unidades eram produzidas todos os meses.

Com o crescimento e maior demanda de trabalho na Life, aumentamos o número de pessoas em nossa equipe, durante os dois anos que se seguiram. Para a parte de representação e vendas já tínhamos conosco, há cerca de sete anos, o querido Ricardo Feistauer. Depois, acrescentamos o Mauro Corrêa e, então, Silvana Reis, que foi minha secretária por muitos anos. Foi também nessa época, que Susie Anne Ungaretti, filha do pastor Erasmo, começou a trabalhar comigo. Ela acabara a faculdade de Sociologia e prestava o serviço de venda de livros cristãos na igreja. Como eu desejava iniciar uma livraria, convidei-a para nos associarmos nesse projeto e na empresa, ajudando-me a administrá-la. Susie, com seu trabalho fiel e profundo comprometimento com Deus, conquistou gradativamente seu espaço de gerente, tornando-se uma coluna em nosso ministério. Ela ainda é responsável por toda administração, parte importante de nossa Life.

Retornando a 1987, o meu lugar preferido no novo local era o estúdio, minha sala de produção e gravação, que montei com muito esmero. Ali coloquei os melhores teclados que existiam na época e os novos gravadores digitais e, aos poucos, fui desenvolvendo minha habilidade de fazer os arranjos das canções. Também investi tempo em aprender a programar os teclados e escrever música no computador, o que era uma novidade na época.

106   A HISTÓRIA POR TRÁS DA MÚSICA

Durante meus últimos meses na TV, tive contato com novos sistemas de gravação digital por computador e me tornei pioneiro no estado ao introduzir a modernidade dos sistemas MIDI. Já não eram mais necessárias fitas para gravar, pois isso podia ser feito digitalmente com os teclados e esses novos computadores. Os equipamentos vinham direto do Japão por um importador de São Paulo, e eu aprendia a usá-los e me deleitava com isso. O estúdio se tornou uma referência de novas tecnologias musicais até mesmo para as universidades, que não dispunham ainda do equipamento, as quais eu consentia no uso do estúdio da Life como unidade de aprendizado e apoio para os alunos interessados.

Todos os dias, eu gostava de chegar cedo ao estúdio e permanecer muitas horas tocando e louvando ao Senhor. Nesse ambiente de adoração, os cânticos fluíam o tempo inteiro. Foi um lugar de prosperidade onde compus muitas canções e, entre elas, diversos salmos. Várias composições já nasciam com uma ideia de arranjo e sonoridade, as quais eu podia facilmente reproduzir nos sintetizadores, o que era possível devido a nova tecnologia.

Na última viagem que fizera aos Estados Unidos, tinha comprado um LP chamado *Psalms Alive* (Salmos vivos) e costumava ouvi-lo frequentemente. O disco norte-americano tinha sido produzido por uma empresa chamada Maranatha! Music, uma gravadora cristã da Califórnia que fazia músicas de louvor e adoração com excelência. Aquele trabalho me inspirou de tal maneira que senti vontade de fazer algo similar. Certa manhã de sábado, como não viajei, fui ao estúdio para trabalhar em um disco que decidi entitular *Salmos*. Cheguei cedo, liguei tudo e comecei a tocar. Então, buscando inspiração como fazia com o Donald, abri a Bíblia e comecei a ler o Salmo 18. De imediato, a melodia surgiu e me pus a cantar: "Eu te amo, ó SENHOR, força minha. Vive o SENHOR, e bendita seja a minha rocha! Exaltado seja o Deus da minha salvação" (Salmos 18:1,46).

Ao terminar de compor passei a fazer o arranjo instrumental, que fluiu com relativa facilidade. Os timbres dos novos teclados eram lindos, as cordas pareciam reais, e tudo me dava mais vontade de produzir e de trabalhar. Porém, o Espírito Santo continuava a aquecer o meu coração. Naquele dia, eu queria mais de Deus. Almejava cantar e compor ainda mais. Fui, então, ao Salmo 99:1: "Reina o SENHOR; tremam os povos. Ele está entronizado acima dos querubins ..." Ao lê-lo, novamente uma melodia surgiu em minha boca. A canção anterior era lenta e melódica, enquanto esta era efusiva, cheia de alegria e louvor, como fruto de um extravasar de júbilo ao Senhor! Em pouco tempo, com uma batida firme e uma harmonia exultante, a canção estava pronta:

Reina o Senhor, tremam os povos
Reina o Senhor, tremam os povos
Ele está entronizado acima dos querubins!

O Senhor é grande em Sião
O Senhor é grande em Sião
O Senhor é grande em Sião
E sobremodo elevado acima de todos os povos!

Exaltai ao nosso Deus
Exaltai ao nosso Deus
Exaltai ao nosso Deus
E prostrai-vos aos seus pés, pois só ele é santo!

A partir daquele dia, compus melodias para muitos outros salmos. Em poucos meses, já em 1988, o disco ficou pronto, e meu amigo João Batista contribuiu com duas lindas canções. Este foi um projeto cuja produção nos deu muita alegria. Ainda costumo cantar estes dois cânticos, porém o Salmo 99 eu ministro frequentemente em celebrações de júbilo.

A canção foi gravada pela primeira vez no disco *Salmos*, lançado em 1988 pela Life. A segunda vez, foi no disco ao vivo *Adoração & Louvor*, gravado em Massachusetts, Estados Unidos, em 1992, e lançado pela Life em 1993. Fez parte da coletânea do *Jubileu – 25 Anos de Louvor & Adoração*, da Integrity Music, e a cantei com Adhemar de Campos, em 2001; e da *Seleção de Ouro Asaph Borba*, da Line Records, em 2006. Também foi gravada no CD/DVD *Rastros de Amor – 35 Anos de Ministério*, da Som Livre, em 2011, quando a cantei com Paulo Figueiró no *Medley de Alegria*. No último ano citado, também fez parte da coletânea dos *Louvores Inesquecíveis – Vol.2*, da Aliança. E ainda, com um ritmo brasileiro, foi gravada em 2017 no DVD *O Meu Louvor*, de Atilano Muradas.

Reina o Senhor (Salmo 99)

- Ano: 1987
- Compositor: Asaph Borba
- Gravações: LP, K7 *Salmos*; LP, K7, CD *Adoração & Louvor*; CD, K7 *Salmos – Primeiros Anos 3*; CD *Jubileu – 25 Anos de Louvor & Adoração*; CD/DVD *Rastros de Amor*

O Senhor é o meu pastor
(Salmo 23)

João Batista dos Santos e Gerson Ortega são dois músicos que, na era pós-Donald Stoll, se tornaram grandes parceiros e influências musicais para mim. Ambos têm algo em comum: amam a música popular brasileira e, mais especificamente, a bossa nova. Como eu, nos primeiros anos de minha conversão, havia sido influenciado musicalmente por um norte-americano, aproximei-me mais do rock, folk e country, os ritmos dos "gringos", e acabei deixando de lado o nosso samba. Por isso, até então, eu nunca tinha composto um sambinha para louvar a Deus. Pasmem! Um dia, até meu pastor Moysés me perguntou:

— Por que a gente não canta mais música brasileira nos cultos?

Depois que Donald voltou para os Estados Unidos, passei a considerar a questão, ficando mais aberto à possibilidade. Até comecei a fazer um ou outro sambinha de brincadeira, mas nem me passava pela cabeça levar ao culto ou acrescentar a um disco. Com o passar do tempo, já sob a influência do João Batista e do Gerson, pude, aos poucos, entender que uma música com ritmos brasileiros não comprometia a mensagem, pelo contrário, podia, sim, ser usada para a glória de Deus! Naquela época, no entanto, eu já sabia o quanto os nossos discos influenciavam a música cristã brasileira. Víamos como nossos trabalhos eram bem distribuídos pelo Centro de Literatura Cristã (CLC), com sede em São José dos Campos, no interior de São Paulo. Recebíamos cartas de todo o Brasil, nas quais se descreviam como nossos discos eram abençoadores, por isso, sabíamos da responsabilidade que isso implicava e da dependência de Deus que precisávamos manter para com os nossos próximos lançamentos. Mantínhamos uma linha bíblica de adoração, cantada de maneira singela e com melodias simples, e isso foi fundamental para nossa música ser facilmente assimilada nas igrejas, independentemente de denominação. Lembro-me de uma dessas cartas, que veio do Piauí, na qual perguntavam se já havia algum lançamento depois do *Celebraremos com Júbilo*, disco que a igreja tinha decorado. Outra missão em Santarém, no Pará, pediu-nos duzentos cassetes para dar aos ribeirinhos que estavam sendo evangelizados. Assim, víamos a nossa música cumprindo o seu papel abençoando a nação.

Um dia, quando estava terminando o disco Salmos, me veio a mente o Salmo 23. Então, junto com um amado pastor de nossa congregação, amigo pessoal e afilhado de casamento, João Nelson Otto, peguei o violão e uma melodia foi naturalmente surgindo em nossos corações. Para minha surpresa, era uma bossa nova. Logo, fui mostrar para Rosana e, depois, para o João Batista, que ficou abismado. Passei a harmonia para ele, que preparou um lindo arranjo instrumental e vocal para o primeiro sambinha gravado pela Life.

O Senhor é o meu pastor e nada me faltará
O Senhor é o meu pastor e nada me faltará
Meu Senhor tudo suprirá!

Ele me faz repousar em pastos verdejantes
E, nas águas de descanso, refrigera a minha alma
Se pelo vale da sombra da morte eu tenha que passar
Não temerei mal nenhum pois comigo vai estar!

Bondade e misericórdia certamente me seguirão
Todos os dias da minha vida comigo estarão
Então, na casa do Senhor, eu habitarei
E para todo o sempre junto a ele eu estarei!

Assim que o disco *Salmos* foi lançado, em 1988, começaram as reações. Uma igreja do interior de São Paulo mandou uma carta inesquecível de desagrado com a canção:

— Estamos decepcionados — protestaram os irmãos. — Como vocês puderam ceder ao mundanismo e às influências de grupos liberais? Vocês são parte de um ministério santo! — acrescentaram.

Outras críticas como essa vieram também pelos distribuidores, que ouviam das livrarias a recusa do disco por causa do tal samba. Eu recebia tudo aquilo quase em pânico. As vendas não chegavam nem perto das alcançadas nos discos anteriores. Nenhum dos outros lindos salmos contidos no LP era sequer citado, só o sambinha, que foi rejeitado com bastante veemência. Assim, tive de incluir o cântico neste livro, por tratar-se de uma história muito marcante para mim.

Foram os meus amigos Adhemar de Campos e Gerson Ortega, de São Paulo, e o cantor e compositor Atilano Muradas, que me tranquilizaram. Pouco tempo depois, não apenas esses irmãos, mas muitos outros gravaram músicas com ritmos brasileiros em seus discos. Isso foi muito bom! Desse modo, como adoradores brasileiros, passamos a compreender que, para Deus, as expressões culturais, quando santificadas e cantadas por lábios que o glorificam, podem ser usadas para seu louvor e adoração.

O Senhor é o meu pastor (Salmo 23)

- Ano: 1987
- Compositores: Asaph Borba e João Nelson Otto
- Gravações: LP, K7 *Salmos*; CD, K7 *Salmos – Primeiros Anos 3*

Pequeninos

Os encontros em Brasília eram enriquecedores, tornando-se um marco e um ponto de convergência para a cristandade em renovação no Brasil e, porque não dizer, na América Latina, pois vinham pessoas e líderes de muitos países vizinhos. Os mais diferentes segmentos da Igreja e, principalmente, os novos grupos em restauração, assim como irmãos e irmãs das muitas denominações evangélicas, e até mesmo alguns católicos carismáticos, faziam-se representar no evento.

O Ginásio Nilson Nelson, no Eixo Monumental da capital federal, ficava lotado. Logo pela manhã, um povo sedento e ávido por um lugar para louvar a Deus e ouvir sua voz formava uma grande fila para entrar no local. As reuniões eram transbordantes e intermináveis; ninguém queria ir embora. Os diversos ministérios de música se revezavam para dar continuidade ao intenso fluir do Espírito Santo. Adhemar de Campos, Bené Gomes, Gerson Ortega, Marco Antônio Peixoto, Alda Célia e, um tempo depois, Ludmila Ferber, além de mim, eram alguns dos líderes de louvor que ali se alternavam ministrando. Em decorrência do evento, as músicas e o ensino se alastravam por toda parte; os discos que levávamos eram sempre poucos para a demanda.

Os encontros também estabeleciam direcionamentos doutrinário e profético ao povo de Deus. Como preparação para o encontro de 1989 na capital brasileira, os pastores Robson Rodovalho e César Augusto Machado, que lideravam o evento, sentiram que o Senhor queria direcionar o tema deste ano a um enfoque mais social. A crise econômica nacional com a hiperinflação, a ampliação da pobreza e o aumento do desemprego afligiam o povo brasileiro. Então, eles escreveram a todos os ministros de louvor e da Palavra a fim de que direcionassem suas preleções e, inclusive as músicas, enfatizando os problemas que assolavam a nação e a maneira como a Igreja poderia interferir para que mudanças acontecessem. Quando recorri a Deus sobre o assunto, veio ao meu coração o texto de 2Crônicas 7:14,15:

> "Se o meu povo, que se chama pelo meu nome, se humilhar, e orar, e me buscar, e se converter dos seus maus caminhos, então, eu ouvirei dos céus, perdoarei os seus pecados e sararei a sua terra. Estarão abertos os meus olhos e atentos os meus ouvidos à oração que se fizer neste lugar".

Com base no texto, logo brotou uma canção chamada *Sara, Senhor, esta nação*, tema do disco *Sara a Nossa Terra*, que gravamos para o Ministério Koinonya de Louvor, em 1989.

Porém, depois que compus essa música, lembrei-me de um poema escrito em 1987, fruto de uma cena que vi da janela de meu antigo apartamento, que ficava próximo a uma favela. Presenciei, em um fim de tarde, crianças comendo com voracidade os restos de comida retirados diretamente do lixo de meu prédio. A cena era surreal e revelou o quanto nós, como Igreja, precisamos atender ao chamado desses pequeninos. A melodia composta para o poema era triste, conduzindo à reflexão; mas crescia com a conscientização, trazendo esperança; e terminava em um ápice clamando a Deus, para que nos desse mais do seu amor, pois só assim poderemos, pela misericórdia e compaixão, fazer a diferença neste mundo, onde a fome, o abandono e a miséria se alastram.

Não posso estar com os meus olhos fechados
Ao povo a quem Deus tanto amou
Não posso estar com os ouvidos tapados
Ao grito de fome e de dor
Não posso deixar de ver,
Não posso deixar morrer
Crianças que buscam no lixo o pão,
Cujo teto é o céu e a cama é o chão!

Não posso estar parado sabendo
Que estes são pequeninos
Que batem à minha porta
Mendigando o meu amor
Principalmente porque eu sei
Que Cristo as ama bem mais que eu
E se ele com elas tem compromisso
Eu, que estou ao seu serviço, tenho que ter também!

Pois um dia estarei em sua presença e direi:
Senhor, Senhor, eis-me aqui, pronto para entrar!
E não quero ouvir a sua voz me respondendo assim:
Eu não conheço a ti, nunca te conheci
Pois quando um destes pequeninos te pediu o pão
Não lhe deste de comer, não estendeste a mão
E, quando um destes teve sede, não lhe deste de beber
E como posso eu te conhecer!

Dá-me mais amor
Dá-me o teu amor
Capacita o meu ouvir
Pra atender este clamor!

Essa canção também foi incluída no disco *Sara a Nossa Terra*, do Koinonya, em 1989, sendo essa sua primeira gravação. Em 1999, também foi gravada pela Life no disco *Milagres*, feito com o intuito de gerar fundos para o Ministério Chácara Nova Vida, de Sertão Santana, interior do Rio Grande do Sul, projeto fundado por nossos padrinhos de casamento Noemy e Edemir Bandeira. Com uma equipe comprometida com o Evangelho, esse ministério trabalha até hoje na recuperação de jovens com dependência química e com menores em situação de risco ou abandono.

Essa composição foi um marco para mim, pois me ajudou a entender a importância do cuidado com os desvalidos, não só quanto à pobreza, mas, principalmente, quanto ao desprezo e abandono, tanto fora como dentro do núcleo familiar. Depois disso, muitos cânticos nasceram para abençoar as famílias, inclusive uma série de discos chamada *Família*, produzida por Rosana e eu e, ainda, alguns anos depois, a série Life Kids para crianças, o que muito abençoou o povo de Deus.

Este foi um dos últimos cânticos que compus em nosso apartamento, no bairro Jardim do Salso. Em 1988, mudamos para um apartamento de dois andares na avenida Soledade, no bairro Petrópolis e próximo ao escritório da Life na época. Para lá levamos o estúdio digital que tínhamos e ainda pudemos construir uma sala acústica para gravação das vozes.

Pequeninos

- Ano: 1987
- Compositor: Asaph Borba
- Gravações: LP, K7 *Sara a Nossa Terra – Adoração II (Comunidade Evangélica de Goiânia)*; CD *Sara a Nossa Terra – Adoração 2 (Ministério Koinonya de Louvor)*; CD *Álbum Duplo – Aliança/Sara a Nossa Terra (Ministério Koinonya de Louvor)*; CD *Milagres*; álbum do livro *A história por trás da música*

Alto preço

O inverno de 1988 se antecipara e a chuva fina quase não dava trégua à capital gaúcha. Em nosso lar, a lareira era acesa todas as noites. O aroma da lenha e do nó de pinho estava impregnado no ambiente. Entre os vidros das janelas, colocávamos jornal amassado para que a umidade não entrasse e o calor não saísse. A estação mais fria do ano promovia, contudo, um tempo precioso em nossas noites. Era quando eu sentava no tapete de pele de ovelha em frente à lareira, com meu violão, para cantar com minha Rosana. Muitas vezes, tínhamos também amigos e discípulos nessa roda de comunhão e louvor.

Em um fim de tarde frio e úmido do mês de junho, Rosana e eu já estávamos curtindo a lareira e bebendo um chá quente, quando a campainha tocou. Meu amigo Jan Gottfridsson e sua esposa Martha chegaram acompanhados do filho Jonathan de apenas um aninho. Sempre era uma alegria estar com esse irmão, amigo de tanto tempo. Todavia, a feição dele demonstrava tristeza e preocupação. Contaram-nos que estavam vindo direto do médico e que Jonathan estava em uma crise de bronquite severa, a qual fora desencadeada pelo mofo, oriundo da umidade. O apartamento em que moravam havia sido tomado por fungos que geram problemas respiratórios, razão pela qual não podiam mais permanecer lá. Martha, que estava grávida, sem perspectivas de solução, pois tinham um contrato de um ano de locação recém-iniciado, começou a chorar. Imediatamente sugeri que poderiam ficar em nossa casa, enquanto pesquisavam outro local para morar e moviam um processo para romper o contrato por insalubridade do imóvel. Eles aceitaram a sugestão e naquela mesma noite, por volta de 22h, vieram morar provisoriamente em nosso apartamento e uma pequena mudança chegou com essa ilustre e bem-vinda família. Como ainda não tínhamos filhos, o espaço do imóvel onde morávamos, que pertencia ao meu amigo Paulo Torres, comportava as duas famílias com razoável conforto, além de nosso estúdio de gravação que estava sendo montado no subsolo, é claro!

Jan sempre foi uma inspiração em minha vida. Seu compromisso e sua seriedade com Deus constantemente me desafiavam a viver um profundo amor e comunhão com o Pai. Tê-los em nossa casa foi bastante agradável. As refeições eram conjuntas e compartilhávamos o espaço, mas não foi difícil nos adaptarmos uns aos outros. Durante a noite, tínhamos células caseiras dobradas, o que aumentou consideravelmente a circulação de pessoas, mas também, a bênção por receber tantos irmãos em nosso lar.

Em uma madrugada daqueles dias, Jonathan acordou e despertou a Martha, que percebeu estar tendo fortes contrações, mesmo sem sentir dor, o que foi imediatamente comunicado à médica que a acompanhava. A orientação da obstetra foi a ida imediata para o hospital, pois como era uma gravidez ainda de sete meses, o bebê estava correndo o risco de um parto prematuro. Martha bateu em nosso quarto, explicou rapidamente o que estava ocorrendo, nos entregou seu filhinho de um ano e seguiu com Jan para o atendimento hospitalar. Aquele, sem dúvida, foi nosso primeiro baile noturno com uma criança pequena, que não parava de chorar! Como não tínhamos nenhuma experiência, a solução foi orar, embalar, e sentar na cama, mortos de sono, com o Jonathan aconchegado ao colo da Rosana chorando até dormir. Ficamos exaustos, mas sobrevivemos e nos apaixonamos por ele!

Pela manhã, o casal retornou e nos comunicou que a Martha precisava entrar em repouso absoluto para terminar a gravidez. Eles não haviam encontrado outro local para moradia ainda, e agora tínhamos: uma grávida precisando de muitos cuidados; um bebê de um ano necessitando ser atendido por alguém; um pai de família procurando um apartamento para morar; Rosana dando suas aulas de música; e eu trabalhando no estúdio. O jeito foi simples: chamamos a dona Thereza, mãe da Martha, para morar conosco, que logo trouxe também o seu Eduardo, pai da Martha, e ambos passaram a nos auxiliar com a preciosa família. Assim, o movimento e a ocupação da casa aumentaram ainda mais. Porém, o que realmente crescia era o bom relacionamento entre nós em meio a essa situação inusitada.

Nesse período já tínhamos completado a mudança do estúdio da Life para o subsolo do apartamento. Eu havia lançado o disco *Salmos* e tínhamos acabado de gravar as versões em português de um novo projeto chamado *Átrios do Rei*, em parceria com o músico cristão americano Ted Sandquist. Porém, já começara a compor os cânticos para o próximo disco de nosso ministério. O pequeno Jonathan era meu companheiro de estúdio. Muitas vezes, enquanto sua mãe repousava à tarde, ele ficava ao meu lado, mexendo em tudo e tocando nos teclados, que eram muitos naquele local. Cheguei a compor uma música chamada *Jonathan*, que foi gravada no disco instrumental *Vive o Senhor*, lançado em 1989, de tão precioso que era ter aquele menino loirinho e cheio de vida ali comigo!

Então, prestes a completar dois meses de moradia compartilhada, aproximava-se a hora de irem embora, pois tinham conseguido, enfim, alugar um novo apartamento e romper o contrato com aquele que estava todo mofado. A última semana deles conosco, no final de julho, coincidiu com toda a preparação para o encontro de Brasília.

Um dia, eu estava cantando ao piano pela tarde, quando Jan desceu cuidadosamente com Martha para tomar sol no andar de baixo, onde havia um jardim. Ao me ouvirem, começaram a cantar comigo. Foi quando escrevi esta música, que marcaria não apenas as nossas vidas, mas também a Igreja brasileira, no que diz respeito à unidade.

> *Eu sei que foi pago um alto preço*
> *Para que, contigo, eu fosse um, meu irmão*
> *Quando Jesus derramou sua vida*
> *Ele pensava em ti, ele pensava em mim*
> *Pensava em nós!*
>
> *E nos via redimidos por seu sangue*
> *Lutando o bom combate do Senhor*
> *Lado a lado trabalhando*
> *Sua Igreja edificando*
> *E rompendo as barreiras pelo amor!*
>
> *E na força do Espírito Santo*
> *Nós proclamamos aqui*
> *Que pagaremos o preço de sermos*
> *Um só coração no Senhor*
> *E por mais que as trevas militem*
> *E nos tentem separar*
> *Com os nossos olhos em Cristo*
> *Unidos iremos andar!*

Enquanto compunha, Jan me ajudava com preciosas sugestões para a letra, razão pela qual o considero coautor da música

120 A HISTÓRIA POR TRÁS DA MÚSICA

que, sem dúvida, foi gerada pela comunhão de nossas famílias no período em que moraram juntas, tendo tudo em comum.

O tema do encontro nacional de renovação de Brasília, em 1988, era a unidade da Igreja. O pastor Jorge Himitian, da Argentina, ao ministrar sobre o assunto, enfatizou que Deus espera que sejamos um, a fim de que o mundo creia, baseado em João 17:21: "A fim de que todos sejam um; e como és tu, ó Pai, em mim e eu em ti, também sejam eles em nós; para que o mundo creia que tu me enviaste."

A experiência compartilhada com essa família, somada a revelação dessa verdade, fez com que eu passasse a crer na unidade do corpo de Cristo como algo prioritário e que Deus deseja para seu povo. Ele quer que aprendamos a viver em união, com tudo em comum, como o testemunho registrado em Atos 4:32: "Da multidão dos que creram era um o coração e a alma. Ninguém considerava exclusivamente sua nem uma das coisas que possuía; tudo, porém, lhes era comum." A partir daquele tempo, minha oração passou a ser: "Senhor, eu quero sempre unir, nunca dividir."

Jan Gottdridsson e sua família continuam sendo amigos mais chegados que irmãos, como citado em Provérbios 18:24. Essa aliança de unidade, que foi proclamada na canção *Alto preço*, nunca foi quebrada e cremos que não será rompida jamais. Aleluia!

A música fez parte do primeiro disco instrumental produzido pela Life, *Vive o Senhor*, lançado em 1989. No mesmo ano, foi gravada com coral e vocais no disco *Infinitamente Mais*, da Life. Também fez parte do disco ao vivo *Adoração & Louvor*, gravado em Massachusetts, Estados Unidos, em 1992, e lançado em 1993, pela Life. Ainda em 1992, o cantor Nilton Santos gravou essa música em seu LP *Comunhão*, no estúdio da Life, e a relançou, em 2008, no seu CD *Resgate*. Em 1993, *Alto preço* foi gravada no Canecão, tradicional casa de espetáculos na cidade do Rio de Janeiro, e lançada no disco *Marina de Oliveira ao Vivo*.

O cantor Kalebe a gravou, em 1994, em seu disco *Brilha, Jesus*. Em 1998, eu a gravei em Buenos Aires, Argentina, junto a uma seleção de canções de minha autoria, com versões em espanhol, no disco *Iglesia Viva en Adoración*, da Life.

Também em 1998, foi gravada por Luiz de Carvalho e Denise Cardoso em seu CD *Luiz & Denise – Cem Ovelhas*, da Bompastor. As Irmãs Araújo, em seu quarto CD, intitulado *Forte e Invencível*, incluíram este cântico. No ano 2000, a canção foi gravada ao vivo no projeto *Igreja Viva em Portugal*, da Life. Foi incluída na coletânea do *Jubileu – 25 Anos de Louvor & Adoração*, da Integrity Music, em 2001. Também nesse ano, uma versão em inglês de *Alto preço*, sob o título *Together We'll Walk It Out (Unidos iremos andar)*, foi gravada em Indianápolis, Indiana, nos Estados Unidos, pela JesusLifeTogether Church. Em 2003, foi gravada por Christie Tristão em seu CD *Unindo Gerações – Asas da Adoração 4*.

Ainda nesse ano, a canção foi interpretada pelo saxofonista Silvio Depieri, no CD *Instrumental Praise 5*, da Aliança. Fez parte, em 2006, do repertório do CD/DVD *30 Anos de Louvor e Adoração*, da Life. Em 2011, a canção foi gravada no CD/DVD *Rastros de Amor – 35 Anos de Ministério*, da Som Livre, quando a cantei com Fernanda Brum e Sóstenes Mendes; e no CD BÔNUS/DVD *Sol da Justiça – Diante do Trono 14*, no qual a cantei com Ana Paula Valadão e sua equipe, no *Medley Asaph Borba*. No último ano citado, também foi incluída na coletânea dos *Louvores Inesquecíveis – Vol.10*, da Aliança.

A canção fez parte do CD do livro *Adoração: quando a fé se torna amor*, que gravei, com o amigo João Batista dos Santos, versão violão e voz, em 2012. Tem versão em italiano; e, em 2015, ganhou versão oficial e gravação em língua inglesa, por Don Stoll. *Alto preço* foi gravada, em 2016, no CD/DVD *Somos Um*, no qual a cantei com Izaías Carneiro, do ENCRISTUS, em um projeto pela unidade dos cristãos. Em 2017, com um ritmo brasileiro, fez parte do DVD *O Meu Louvor*, de Atilano Muradas. Ainda nesse ano, foi incluída no CD *CONPLEI JOVEM*, em apoio aos projetos da Igreja Evangélica Indígena no Brasil, como uma parceria da Life. Em novembro de 2018, gravei essa canção no disco *Lembre-se – Canções Que Marcaram Essa História, Clamor Brasil 13*, da Sara Music, em comemoração aos 40 anos de ministério do Bispo Robson Rodovalho.

Chamada por muitos de "O hino da unidade da Igreja", *Alto preço* foi a canção escolhida para o encerramento da primeira edição do Festival Promessas, um evento de fim de ano realizado pela Rede Globo para o segmento de música gospel, ocorrido em 10 de dezembro de 2011, no aterro do Flamengo, no Rio de Janeiro, com quase 8 horas de duração. À noite, em um momento de grande comunhão, os ministros de louvor: Ana Paula Valadão, Damares, Davi Sacer, Eyshila, Fernanda Brum, Fernandinho, Ludmila Ferber, Pregador Luo e Regis Danese cantaram juntos essa canção, acompanhados por mais de 20 mil pessoas, segundo estimativa da Polícia Militar. Durante a transmissão na televisão, como especial de fim de ano, em 18 de dezembro de 2011, a emissora ficou isolada na liderança de audiência com 13 pontos, sendo que cada ponto equivale a 58 mil casas.

Acima de qualquer crítica sobre o evento, é importante salientar que, não só no dia de sua gravação o Evangelho foi pregado pelas palavras e canções para toda aquela multidão; mas também, no dia de sua transmissão, mais de 1 milhão de pessoas assistiram e ouviram as boas-novas da salvação. Nunca antes os evangélicos tiveram tamanho espaço na televisão aberta, em horário nobre e com alcance simultâneo para todo o país. A Palavra de Deus, que foi pregada e cantada claramente por meio de canções como *Alto preço*, não tenho dúvidas, alcançou muitas vidas, pois a Bíblia diz que ela, quando semeada, nunca volta vazia! Apesar de ter sido convidado para este evento, não pude estar presente por encontrar-me na Turquia realizando, junto com amados irmãos, um encontro de louvor e adoração para toda aquela região. Contudo, simbolicamente pude estar com aqueles irmãos por meio da escolha da canção *Alto preço* para o encerramento daquela grande e linda celebração cristã brasileira.

Alto preço

- Ano: 1988
- Compositores: Asaph Borba e Jan Gottfridsson
- Gravações: LP, K7 *Infinitamente Mais*; LP, K7, CD *Vive o Senhor*; LP, K7, CD *Adoração & Louvor*; CD, K7 *Álbum Duplo – Restauração 3&4*; CD, K7 *Iglesia Viva en Adoración* – Argentina (versão em espanhol); CD *Igreja Viva em Portugal*; CD *Jubileu – 25 Anos de Louvor & Adoração*; CD/DVD *30 Anos de Louvor e Adoração*; CD/DVD *Rastros de Amor*; CD do livro *Adoração: quando a fé se torna amor*; CD do livro *A Life of Worship: When Faith Becomes Love* (versão em inglês); CD *CONPLEI JOVEM*

Infinitamente mais

Rosana e eu completaríamos seis anos de casamento ao final de 1988. Desde 1987, estávamos buscando ter filhos e já contávamos com um aborto espontâneo de uma gestação de dois meses. Surgiu até um prêmio para a casa dos filhos de minha sogra, que eram Rosana, sua irmã Lídia e seu irmão Márcio, gerando uma competição: o casal que primeiro engravidasse, ganharia uma linda centopeia de pelúcia, grande e toda colorida, para o quarto do bebê! Bem, como os três casais estavam na "espera da espera", a brincadeira até que foi bem legal. Entretanto, apesar de querermos ter filhos, Rosana não conseguia engravidar novamente. Chegamos a fazer exames para ver se havia um impedimento, e constatamos algumas dificuldades; porém, aquele ambiente de clínicas de infertilidade estava nos deixando abatidos de espírito. Somado a isso, a grande maioria dos casais a nossa volta, casados há bem menos tempo, já eram pais. A cada nova gravidez que nos comunicavam, tínhamos um misto de emoções: a alegria pelos bebês que estavam por chegar, e a dorzinha lá no fundo do coração, porque ainda não havia chegado a nossa vez. Essa situação desafiava a nossa fé continuamente e sempre militava contra a alegria do Senhor em nossas vidas.

Eu estava começando a produção de nosso próximo disco, cuja música principal seria *Alto preço*, que já estava bem divulgada. Esforçava-me buscando o ânimo e a concentração que precisava para continuar o trabalho, pois os arranjos estavam atrasados. Em uma tarde, na qual me preparava para a reunião da noite na igreja, onde era responsável pela direção na ministração do louvor, por volta das 17h, sentei-me ao piano em casa. Tendo em mente todo esse contexto que nos afligia, abri a Bíblia em Efésios 3:20,21:

> "Ora, àquele que é poderoso para fazer infinitamente mais do que tudo quanto pedimos ou pensamos, conforme o seu poder que opera em nós, a ele seja a glória, na igreja e em Cristo Jesus, por todas as gerações, para todo o sempre. Amém!"

Foi uma palavra vinda do coração de Deus diretamente para o meu espírito. Comecei, então, a escrever a poesia que era como uma declaração pessoal de fé na soberania de Deus sobre todas as coisas. A canção encheu o meu lar de esperança e alegria, marcando aquele momento e as nossas vidas para sempre.

> *Sim, eu sei, Senhor, que tu és soberano*
> *Tens os teus caminhos, tens teus próprios planos*
> *Venho, pois, a cada dia*
> *Venho cheio de alegria*
> *E me coloco em tuas mãos, pois és fiel!*
>
> *Sim, eu sei, Senhor, que tu és poderoso*
> *És um Deus tremendo, Pai de amor bondoso*
> *Venho, pois, a cada dia*
> *Venho cheio de alegria*
> *E me coloco em tuas mãos, pois és fiel!*

126 A HISTÓRIA POR TRÁS DA MÚSICA

Fiel é tua Palavra, ó Senhor
Perfeitos os teus caminhos, meu Senhor
Pois sei em quem tenho crido
Também sei que és poderoso
Pra fazer infinitamente mais,
Pra fazer infinitamente mais!

Do que tudo que pedimos, infinitamente mais!
Do que tudo que sentimos, infinitamente mais!
Do que tudo que pensamos, infinitamente mais!
Do que tudo que nós cremos, infinitamente mais!

Pouco tempo depois, fui a um encontro no Rio de Janeiro, onde estariam meus amigos Adhemar de Campos e Bené Gomes, entre outros. Ali, ensinei a nova canção, que incentivou cada irmão a colocar toda a sua confiança em Deus.

Entramos no ano de 1989 com nossa fé fortalecida especialmente por meio desse cântico, que ministrávamos por onde quer que andássemos. Não ganhamos a centopeia colorida de minha sogra, pois minhas duas cunhadas engravidaram e nós continuávamos a espera de nossa vez. Porém, mesmo que não tivéssemos alcançado ainda o que o nosso coração desejava, tínhamos a certeza de que, no tempo certo de Deus, nosso bebê chegaria.

Foi essa a canção que deu nome ao novo disco, que lançamos no encontro nacional de renovação de Brasília em 1989: *Restauração III – Infinitamente Mais*. Também cantamos muitas vezes esse cântico nas reuniões ministrando fé aos corações. Então, em um momento reservado comigo e minha Rosana, o pastor Miguel Piper orou para que fossem desfeitos todos e quaisquer impedimentos físicos e espirituais para que nos tornássemos pais, que estivessem sobre nossas vidas. Após essa oração, Rosana sentiu uma direção do Espírito Santo para que os pastores orassem por todas as mulheres naquele grande ginásio, que estivessem tendo dificuldades para engravidar. O resultado foi visto no testemunho dado no encontro do ano seguinte, em 1990, no qual quase todas as mulheres presentes naquela oração tinham ganhado bebê ou estavam grávidas, como era o caso de minha esposa, já no quinto mês de gestação. Deus é fiel!

Até hoje, esta canção é uma das mais importantes de meu ministério. Ela é uma das principais músicas dos discos comemorativos de 25, 30 e 35 anos do ministério que represento. Lembro-me em especial da primeira gravação de *Infinitamente mais*, que foi feita pelo pastor Paulo Cesar Brito, da Igreja Maranata, em seu disco *Junto à Fonte*, de 1988. Em 1991, o saxofonista Samuel Lima a gravou em seu CD instrumental *Essencial*. Paulo Brito relançou essa canção nos anos 1990 no CD *Momentos de Louvor 2* e, em 2001, no CD *Melhores Momentos*. Também em 2001, foi incluída na coletânea do *Jubileu – 25 Anos de Louvor & Adoração*, da Integrity Music, quando a cantei com Bené Gomes. Gravei *Infinitamente mais* ao vivo, em 2004, no CD *Vim para Adorar-te*, primeiro trabalho da série Adoração & Adoradores. Em 2005, ela fez parte da seleção de canções do CD *Toque de Adoração*, do Conjunto de Sinos da Primeira Igreja Batista de Curitiba, o primeiro CD de sinos gravado no Brasil. Também foi selecionada, em 2006, no repertório do CD/DVD *30 Anos de Louvor e Adoração*, da Life, com solo de Adhemar de Campos. Em 2011, a canção foi incluída no CD/DVD *Rastros de Amor – 35 Anos de Ministério*, da Som Livre, e a gravei com minhas amigas Ludmila Ferber e Christie Tristão. Ainda no último ano citado, foi incluída na coletânea dos *Louvores Inesquecíveis – Vol.7*, da Aliança. Em 2012, cantei essa música com Asaph Muradas, em seu CD *Confiarei*. Também nesse ano, a canção fez parte do CD do livro *Adoração: quando a fé se torna amor*, que gravei, com o amigo João Batista dos Santos, versão violão e voz. O cântico tem versão em espanhol e é cantado na Argentina e no Chile; e, em 2015, ganhou versão e gravação em língua inglesa, por Don Stoll.

Também essa canção, composta já há três décadas, ainda tem alcançado as novas gerações, como se pode ver através das mídias sociais digitais. A cantora cristã contemporânea Arianne publicou, em 14 de setembro de 2018, em seu canal oficial ArianneMusic no YouTube, um videoclipe desse louvor falando sobre o que ele representava para ela e cantando junto com Luiz Carlos, seu pai. Também disponibilizou o single da canção no Spotify como parte de seu novo álbum, gravado ao vivo, *Como Cantavam Nossos Pais*. Até a finalização deste livro, já são mais de 1 milhão de visualizações do clipe no YouTube. Assim, por meio das plataformas digitais, a mensagem de fé e esperança em Deus proclamada nesse cântico ainda hoje chega a milhares de corações. Mais recentemente, gravei *Infinitamente mais*, ao vivo, com Suelen Camila, em 7 de novembro 2018, no seu disco *De Todo Coração*, na Igreja Batista Mont'Serrat, em Porto Alegre.

Infinitamente mais

- Ano: 1988
- Compositor: Asaph Borba
- Gravações: LP, K7 *Infinitamente Mais*; CD, K7 *Álbum Duplo – Restauração 3&4*; CD *Jubileu – 25 Anos de Louvor & Adoração*; CD/DVD *30 Anos de Louvor e Adoração*; CD/DVD *Rastros de Amor*; CD do livro *Adoração: quando a fé se torna amor*; CD do livro A *Life of Worship: When Faith Becomes Love* (versão em inglês)

Povo livre
(Nós somos o povo)

Ao final do ano de 1988, meu amigo Don Stoll e sua esposa Gail convidaram Rosana e eu para passarmos as férias em sua casa, nos Estados Unidos. Ele morava nas redondezas de Chicago, em uma linda casa antiga. Passamos com eles o mês de fevereiro de 1989. Foi um tempo de muita bênção e de muito descanso. Pude visitar estúdios, comprar equipamentos, fazer pequenos passeios de inverno e, principalmente, rever irmãos e amigos na região.

Nessa viagem, também estivemos novamente com o querido compositor e pastor Ted Sandquist, em Syracuse, Nova York. Mesmo de longe, Ted se tornara referência e influência em minha vida e em meu ministério, em função de suas músicas compostas com muita graça e unção, ouvidas desde a minha primeira viagem aos Estados Unidos, em 1978. Ele fez parte do Jesus Movement (Movimento de Jesus), que começou ao final dos anos 1960 e deu início ao rock cristão e à música cristã contemporânea. Era um movimento cristão estabelecido em oposição ao movimento *hippie*, onde jovens avivados pelo Espírito Santo evangelizavam pelas ruas e em grandes concentrações, falando do amor de Deus. Foi predecessor do movimento carismático no mundo todo e ainda era difundido no país quando morei na Califórnia.

Encontramos com Ted, pela primeira vez, na volta de uma viagem de carro que fizemos ao Canadá com Don e Gail, em 1987, ocasião em que ficamos amigos. Na época, a conexão foi imediata, pois tínhamos muito em comum. Sua música simples e profunda cativou nosso coração. No ano seguinte, 1988, tivemos a oportunidade de gravar, em português, seu disco *Courts of the King*, cuja produção musical era assinada pelo guitarrista Phil Keaggy. Rosana fez a tradução e adaptação de todas as canções para o português e o chamamos de *Átrios do Rei*. Ted e seu técnico Peter Hopper vieram ao Brasil captar as vozes do pequeno grupo, que gravou no estúdio da ISAEC, pertencente à Igreja Evangélica de Confissão Luterana no Brasil, porque ainda não estava pronta a sala acústica de nosso novo estúdio. Então, Ted e Peter levaram as gravações para que a mixagem fosse feita nos EUA com o *playback* (trilha sonora) original do disco americano. Quando a produção ficou pronta, nos entregaram para a prensagem e distribuição no Brasil por intermédio da Life.

Estávamos muito felizes pelo sucesso de nossa parceria com aquele ministério, o que tornou muito especial a visita em Syracuse no final de fevereiro de 1989. Mais uma vez nos aproximávamos da influência daquele querido irmão e seu trabalho.

No retorno da viagem, minha esposa e eu retomamos os trabalhos na igreja em Porto Alegre. A célula em nossa casa sempre foi um lugar de bênção e de inspiração, por ser uma demonstração clara de vida e alegria. Fora isso, tínhamos formado nosso primeiro grupo de casais, com quem compartilhávamos o reino de Deus nos desafios familiares. Tudo isso sob o cuidado de nosso querido pastor Moysés Moraes e da liderança da igreja em Porto Alegre.

O novo disco *Restauração III – Infinitamente mais* estava quase pronto, pois queríamos fazer o seu lançamento em julho, no encontro nacional de renovação em Brasília. Em uma manhã, durante um tempo de louvor em casa, comecei a cantar uma letra que falava de alegria e libertação, inspirado por um cântico do Ted Sandquist que tinha uma ênfase similar. Porém, a motivação maior era, sem dúvida, tudo o que Deus estava fazendo nas vidas da pequena igreja que congregava em nossa casa, onde pessoas eram salvas, libertas, edificadas e transformadas. Esta era a nossa realidade: verdadeiramente livres!

Assim nasceu este cântico, que já fluiu com arranjo instrumental ao mesmo tempo. Enquanto eu escrevia a música, gravava as harmonias e acompanhamentos no estúdio já montado no subsolo de nosso apartamento. Meu coração estava em festa, proclamando a libertação que Cristo operou em nossas vidas.

> *Nós somos o povo a quem Deus libertou*
> *Verdadeiramente somos livres*
> *Pois fomos comprados por seu grande amor*
> *Sim, Cristo nos resgatou!*
>
> *Livrou-nos da mão do inimigo*
> *E nos trouxe a um lugar de glória*
> *Onde temos constante abrigo*
> *Onde temos garantida a vitória!*
>
> *Tirou-nos do império da escuridão*
> *E nos trouxe ao seu reino de luz*
> *Um reino de paz, alegria e perdão*
> *No qual nosso rei é Jesus!*

A nova canção tornou-se um hino de alegria em nosso grupo caseiro, depois em nossa igreja local e, mais tarde, por toda parte. Em julho, também ensinei-a no encontro de renovação em Brasília e a canção foi difundida para todo o país. Onde quer que fosse cantada, o povo de Deus celebrava, o que permanece

132 A HISTÓRIA POR TRÁS DA MÚSICA

acontecendo até os dias de hoje. Por meio desse cântico, surgiram as primeiras coreografias expressando o júbilo que passou a contagiar a todos. Dezenas de rodas eram formadas, envolvendo a maioria dos participantes dos congressos por onde passávamos. Até então, tínhamos experimentado muito pouca manifestação desse tipo na Igreja brasileira.

A alegria e a celebração começavam a ser geradas por Deus, no meio do seu povo, de uma forma nova, e essa canção foi uma ferramenta usada pelo Espírito Santo para promover a liberdade de louvor com danças, como descrito no Salmo 150:4: "Louvai-o com adufes (pandeiros) e danças; louvai-o com instrumentos de cordas e com flautas."

Além do disco *Restauração III – Infinitamente Mais*, de 1989, a canção formou o repertório de outros discos de nosso ministério, sendo gravada e difundida também por vários cantores e grupos de louvor no Brasil. Em 1992, fez parte do disco ao vivo *Adoração & Louvor*, gravado em Massachusetts, Estados Unidos, que foi lançado em 1993, pela Life.

Essa canção foi incluída na coletânea do *Jubileu – 25 Anos de Louvor & Adoração*, da Integrity Music, em 2001, e a cantei com Everton Tonin. Também nesse ano, gravei *Povo livre* junto com a cantora Mariluci Baqueta Brambilla, em seu CD *Eu e Minha Casa*, em Curitiba; a qual, com alegria e gratidão, pintou a linda tela de flores amarelas que adorna meu quarto em casa até os dias de hoje! Essa canção fez parte, em 2006, do repertório do CD/DVD *30 Anos de Louvor e Adoração*, da Life. Também foi incluída, em português, no CD produzido para a primeira conferência de adoração na Síria, em 2008, *The Joy of The Lord – Asaph Borba (Middle East Collection)*, pela International Worshipers Fellowship. Em 2011, a canção foi gravada no CD/DVD *Rastros de Amor – 35 Anos de Ministério*, da Som Livre, e a cantei com Ana Paula Valadão no *Medley de Vitória*. No último ano citado, fez parte da coletânea dos *Louvores Inesquecíveis – Vol.4*, da Aliança.

E, com um ritmo brasileiro, foi incluída no DVD *O Meu Louvor*, de Atilano Muradas, em 2017. *Povo Livre* tem versão em uso na língua inglesa, por Don Stoll.

Povo livre (Nós somos o povo)

- Ano: 1989
- Compositor: Asaph Borba
- Gravações: LP, K7 *Infinitamente Mais*; LP, K7, CD *Adoração & Louvor*; CD, K7 *Álbum Duplo – Restauração 3&4*; CD *Cânticos de Alegria*; CD *Jubileu – 25 Anos de Louvor & Adoração*; CD/DVD *30 Anos de Louvor e Adoração*; CD/DVD *Rastros de Amor*

Dia de júbilo
(Este é o dia)

Vinte e um de novembro de 1990 chegou como um dia normal e ensolarado de primavera. O ipê amarelo em frente ao nosso pequeno prédio na rua Soledade, bairro Petrópolis, estava florido e os passarinhos cantavam nas árvores de nosso pátio. Naquela quarta-feira, quando cheguei em casa no início da tarde, Rosana já estava sentindo as dores de parto e contando o tempo entre as contrações, que se alternavam entre próximas e espaçadas. Contactamos com o obstetra, o qual pediu que nos dirigíssemos ao Hospital Divina Providência. Quando o médico a avaliou na sala de pré-parto, percebeu pela desaceleração dos batimentos cardíacos do bebê durante as contrações, que havia uma circular de cordão umbilical no pescoço de nossa filhinha, porém parecia ser um longo cordão. Com o passar das horas, as dores foram ficando ainda mais intensas e, então, como o doutor tinha experiência e havia dilatação suficiente, começaram os procedimentos para o parto normal. Foi aí que entendi por que a função se chama "trabalho de parto". É muito difícil mesmo, e a nossa filhinha parece ter dado um pouquinho mais de "trabalho" do que o "normal", pois teve de ser retirada com a ajuda de um fórceps, aparelho que auxilia o nascimento do bebê. Confesso que não estava preparado para isso. Sempre tive certo pavor de sangue, mas, naquela hora, precisei encarar minha missão de pai e me transformar, em questão de minutos, em um homem corajoso e permanecer ali, ao lado de minha esposa.

Assim, logo após às 23h, Rosana, que já estava com anestesia peridural, fazia força; enquanto eu e uma enfermeira robusta nos apoiamos sobre cada lado da barriga dela ajudando a empurrar a Aurora para fora. O médico obstetra, Dr. Álvaro Luiz Scotti, puxava o fórceps, que envolvia a cabeça do bebê. Lembro-me de ele dizer, naquela hora, para Rosana:

— Faz força, magra, porque essa criança tá entrando em sofrimento!

Até que às 23 horas e 18 minutos, em um esforço coletivo, por fim, uma menina grande, saudável e linda apareceu nas mãos do experiente médico e me foi entregue toda ensanguentada, mas cheia de vida. E sua mãe aliviada bradou:

— Deu, turma!

Deus guardou nossa menina, pois na hora em que sua cabecinha apontou para fora, o obstetra teve de girá-la rapidamente por duas vezes, pois ela estava com circular dupla de cordão umbilical em torno do pescoço.

Nunca mais fomos os mesmos. Naquele momento, deixávamos a condição de filhos e passávamos a de pais. A menina era meiga e quietinha e, depois de ser limpa e enrolada numa fraldinha branca, pude segurá-la nos braços por um longo período. Através do vidro da enfermaria, mostrei Aurora a todos os familiares: 3,580 quilos, 50 centímetros e olhos castanhos com apgar 9, recém-nascida, e 10, cinco minutos após nascer. Em seguida, fui até a sala de recuperação e entreguei nossa menina para Rosana, que, mesmo cansada do parto, segurou-a e sorriu. Juntos agradecemos ao Senhor a dádiva que chegava à nossa casa!

A paternidade muda o coração de uma pessoa, principalmente quando ocorre dentro dos padrões de Deus. A alegria é contrabalançada com o peso da responsabilidade de se ter uma vida inteiramente dependente de nosso cuidado e amor. Não tínhamos ideia da profunda transformação que a Aurora nos traria. Fiquei quase a noite toda acordado na casa de Jan e Martha Gottfridsson, contando os minutos para voltar ao hospital pela manhã.

No dia seguinte, quando cheguei à maternidade, encontrei Rosana, com a vovó Dora, amamentando a Aurora pela primeira vez. Nosso pastor Moysés também estava lá, cheio de alegria. Quando abri a janela do quarto, vi o dia lindo, cheio de sol, mas com um vento que fazia as árvores dançarem de um lado para outro. Literalmente, senti como se a natureza saudasse nosso lindo momento. Foi quando compus e cantei outro cântico de louvor a Deus pela chegada de nossa filha Aurora.

Este é o dia que fez o Senhor
Dia de cântico e de louvor
Dia de celebração
Dentro do meu coração!

Este é o dia de proclamar
E com meus lábios entoar
Um cântico novo ao Senhor
Celebrando o seu amor
Que toda a Terra saiba que hoje é
Um dia de júbilo!

Toda a natureza está louvando
As árvores e os pássaros estão saudando
Com alegria ao Criador
Celebrando o seu amor
Que toda a Terra saiba que hoje é
Um dia de júbilo!

DIA DE JÚBILO (ESTE É O DIA)   137

Desde pequena, nossa menina era cheia de amor e ternura, preenchendo uma lacuna que existia em nossas vidas: o desejo de sermos pai e mãe. Creio que assim como fomos criados para adorar a Deus, também é naturalmente gerada em nós, à medida que amadurecemos, a necessidade de investirmos nosso afeto em alguém, seja por concepção, adoção, apadrinhamento ou, até mesmo, como discípulo espiritual ou em alguma área de conhecimento. Aspiramos passar nosso legado, nossa experiência, para a próxima geração. E, quando nos convertemos a Cristo, queremos verdadeiramente gerar discípulos de Jesus.

Nossa princesa veio como uma dádiva, realizando um de nossos maiores sonhos. Além disso, nossa menina passou a ser fonte inesgotável de inspiração poética e musical. O convívio diário com essa nova vida foi mais um sinal inequívoco do amor, da sabedoria, da soberania, da excelência e, principalmente, da existência de Deus.

A primeira gravação dessa canção foi no disco *Restauração IV – Em Espírito e em Verdade*, da Life, gravado em 1991. Em 1999, ela fez parte do segundo trabalho infantil que Rosana e eu produzimos, *Life Kid's II – Aprendendo a Adorar*.

Dia de júbilo (Este é o dia)

- Ano: 1990
- Compositor: Asaph Borba
- Gravações: LP, K7 *Em Espírito e em Verdade*; CD, K7 *Álbum Duplo – Restauração 3&4*; CD, K7 *Life Kid's II – Aprendendo a Adorar*

Te contemplo, ó Pai

(Te contemplo)

No final do verão de 1991, fui gravar o quarto disco do Ministério Koinonya de Louvor: *Eternamente*. A experiência de produzir mais um disco contando com Bené Gomes, Alda Célia, Silvério Peres, Kleber Lucas, Márcio Pereira, enfim, com toda a Banda Koinonya, sempre me enchia de expectativa; ademais, era motivo de alegria reencontrar os pastores Robson Rodovalho e César Augusto Machado, bem como, a amada Comunidade Evangélica de Goiânia. O primeiro disco do Ministério Koinonya de Louvor, *Aliança*, que eu ajudara com a produção, tinha alcançado recordes de venda e era cantado de norte a sul no Brasil. O segundo, *Sara a Nossa Terra*, bem como o terceiro, *Derramarei*, nos quais a produção técnica também ficara ao meu encargo, já estavam amplamente divulgados por todo o país. Ajudar na expansão do reino de Deus e de sua Palavra por meio do louvor e da adoração ao Senhor, pelos quatro cantos do Brasil, sempre alegrou e alegra o meu coração.

Naquele ano, a gravação do disco do Koinonya seria nas dependências da Igreja Luz para os Povos, cujo pastor, Sinomar Silveira, também tinha preparado, com os músicos de sua congregação, seu primeiro disco, que eu gravaria logo após concluir as captações instrumentais e vocais do *Eternamente*, da Comunidade Evangélica de Goiânia.

Pela facilidade, fiquei hospedado por quase duas semanas com os queridos amigos, pastor Sinomar e sua esposa Elisabeth, cuja casa ficava nas dependências da Igreja Luz para os Povos, no Setor Fama de Goiânia, onde montamos também os equipamentos de gravação. As salas do estúdio foram criteriosamente revestidas com colchões e naquele lugar passamos dias e noites cantando e gravando. Márcio Rocha, irmão da Rosana, tinha me acompanhado como assistente técnico nesta empreitada.

Durante o desenrolar das gravações, partilhávamos momentos de comunhão entre os músicos, tanto da Comunidade Evangélica de Goiânia quanto da Igreja Luz para os Povos. Márcio Rocha e eu nos desdobrávamos para manter todo aquele equipamento e a agenda em ordem visando darmos conta do trabalho.

Um dia, pela manhã, tivemos um café especial com os líderes da cidade, convidados pelo pastor que nos recebia. Depois de ter dado o testemunho de minhas andanças por Cuba e por outras nações, recebi o convite de um irmão para tomar café em sua casa no dia seguinte. Por conta da gravação, a visita precisava ser bem cedo, de maneira que ele me buscou às 6h30. Então, após tomarmos o café da manhã, o irmão e sua esposa começaram a narrar o quanto os meus discos tinham ajudado a eles no decorrer de sua vida cristã nos últimos anos. Explicaram que, por isso, gostariam de me dar um presente. O irmão se afastou um pouco e logo voltou com uma caixa de sapato nas mãos. Olhei para o volume e pensei: "Ganhei um novo calçado." Mas, ao abrir a caixa, vi que estava cheia de dinheiro, e a quantia não era pequena. Ele me disse que havia ganhado uma causa na justiça e queria ofertar o valor para que eu usasse em algo que necessitasse. Não sabia ele que eu havia doado nosso carro, meses antes,

140 A HISTÓRIA POR TRÁS DA MÚSICA

como oferta para a Life, para comprar um equipamento de estúdio profissional bem melhor, e usávamos um fusca emprestado por meu sogro. Porém, o dinheiro dentro da caixa era suficiente para adquirir outro automóvel!

À noite, ao me preparar para dormir, lembrei como a bondade e a misericórdia de Deus nos alcançavam. Desde que saíra da televisão, onde trabalhava como supervisor de operações ganhando bem, eu só tinha experimentado a abundância e o cuidado de Deus, o que persiste até hoje. Meditando sobre isso, passei a escrever uma canção realçando a santidade de Deus, que fluía ao contemplar o Pai em toda a sua bondade, suprimento e abundância.

> *Te contemplo, ó Pai, na beleza da tua santidade*
> *Te adoro com amor, em espírito e em verdade*
> *Por aquilo que tu és, eu me prostro aos teus pés*
> *Ministrando a ti a minha adoração,*
> *Ministrando a ti a minha adoração!*
>
> *Santo, santo*
> *Santo és tu, Senhor!*
> *Santo, santo*
> *Santo és tu, Senhor!*
>
> *Tu és minha alegria e a minha força pra viver*
> *Sacias minha sede e completas o meu ser*
> *Dentro do meu coração só existe adoração*
> *Encontraste em mim um trono para ti,*
> *Encontraste em mim um trono para ti!*
>
> *Digno, digno*
> *Digno és tu, Senhor!*
> *Digno, digno*
> *Digno és tu, Senhor!*

Na manhã seguinte, toquei a nova canção para meus queridos anfitriões, que se alegraram muito por eu tê-la composto na casa deles. Até hoje recordo, com carinho, a força dessa música, que marcou uma etapa importante em minha jornada. Foi a maneira de meu coração reagir a tudo o que o Pai estava realizando em minha vida e ministério.

Como testemunho, deixo aqui registrado que ao chegar em casa na tarde do domingo seguinte ao dia que recebi aquela oferta na caixa de sapato, abri o jornal na parte dos classificados e vi o anúncio de um carro à venda a duas quadras de nossa casa. Caminhei até o endereço citado e, em paz, disse a mim mesmo:

— Se o valor pedido for aquele que me foi dado, este é o carro que o Senhor tem pra mim!

Voltei logo depois para nossa casa e pude pôr nosso novo carro na garagem. Glória a Deus!

Te contemplo, ó Pai foi o hino de abertura de nosso disco *Restauração IV – Em Espírito e em Verdade*, em 1991. Fez parte do disco ao vivo *Adoração & Louvor*, gravado em Massachusetts, Estados Unidos, em 1992, e lançado em 1993, pela Life. A música foi incluída no segundo disco instrumental produzido pela Life, *Toque de Adoração*, lançado em 1994. Também foi selecionada para a coletânea do *Jubileu – 25 Anos de Louvor & Adoração*, da Integrity Music, em 2001, e a cantei com minha esposa Rosana. Essa canção fez parte da *Seleção de Ouro Asaph Borba*, da Line Records, em 2006. Em 2011, foi gravada na coletânea do DVD *Rastros de Amor – 35 Anos de Ministério*, da Som Livre, e a cantei com Alda Célia Cavagnaro. A canção fez parte do CD do livro *Adoração: quando a fé se torna amor*, que gravei, com o amigo João Batista dos Santos, em 2012, versão violão e voz. E, em 2015, o cântico ganhou versão e gravação em inglês, por Don Stoll.

142 A HISTÓRIA POR TRÁS DA MÚSICA

Te contemplo, ó Pai (Te contemplo)

- Ano: 1991
- Compositor: Asaph Borba
- Gravações: LP, K7 *Em Espírito e em Verdade*; LP, K7, CD *Adoração & Louvor*; LP, K7, CD *Toque de Adoração*; CD, K7 *Álbum Duplo – Restauração 3&4*; CD *Jubileu – 25 Anos de Louvor & Adoração*; DVD *Rastros de Amor*; CD do livro *Adoração: quando a fé se torna amor*; CD do livro A *Life of Worship: When Faith Becomes Love* (versão em inglês)

Jesus, a rocha eterna
(Rocha eterna)

No início da década de 1990, ocorreu uma verdadeira explosão de música do estilo congregacional no Brasil, isto é, voltada para igrejas. Como um dos precursores desse estilo, nosso ministério era frequentemente requisitado para inúmeras gravações que pipocavam por todo o país. Nas novas comunidades que surgiam, sempre havia alguém compondo. Essas canções passavam a fazer parte da hinologia local e, dependendo da influência da igreja, alastravam-se rapidamente. Foi assim com uma das comunidades de Brasília, cujos pastores eram Mário Scartezini Filho e o amigo Bené Gomes, que havia mudado de Goiânia para a capital federal em função do rápido crescimento das igrejas da região, para ajudar no pastoreio dos irmãos.

Logo, uma produção musical foi planejada. Nos primeiros meses de 1991, encaminhamos os arranjos, que seriam feitos por Nilson Ferreira, com Alexandre Massena, no Rio de Janeiro; e Gerson Ortega, em São Paulo; e ainda alguns ficaram por minha conta e de Neide Arruda, de Goiânia. A gravação ficou para o fim de abril. Quando a época chegou, parti para Brasília com um estúdio quase completo: gravadores, pré-amplificadores, micro-fones e uma mala com cabos de todos os tipos.

Optei por montar o equipamento na residência da irmã Nida, mãe do contrabaixista e também assistente técnico desse projeto, Marcos Gibran. O estúdio improvisado foi preparado por meu cunhado Márcio Rocha, meu "braço direito" em mais essa empreitada, com a ajuda do Marcos. Enquanto montavam tudo, fui a um evento em Belém do Pará.

Tratava-se de uma grande celebração musical cristã para a qual vinham artistas e cantores nacionais e internacionais. Durante quatro dias, a celebração movimentaria a comunidade cristã de toda a região. Eu ficaria lá por dois dias e seria acompanhado por uma banda local. Logo notei, contudo, que o evento não parecia partilhar da visão de louvor e adoração das igrejas e do ministério que representávamos. Ali, tudo se resumia em apresentações e shows de artistas cristãos, o que verdadeiramente não era o meu foco. Em poucos lugares eu havia me sentido tão deslocado e sem identidade quanto naquele evento, principalmente porque eram cobrados ingressos. Sem dúvida, aquilo não me fora informado no convite. Contudo, passei dois longos dias lá, em paz, fazendo o que sempre fiz: adorando a Deus!

No fim de minha última participação, segui rapidamente para o hotel e, de madrugada, para o aeroporto. Além da frustração com o objetivo do evento, foi a primeira vez que, literalmente, eu tinha sido esquecido pelos organizadores. Nem mesmo a passagem de avião ou qualquer ajuda para as despesas me deram. Apesar de não cobrar cachê, como muitos fazem, poucas vezes fui alvo desse tipo de atitude. Porém, como sempre, entreguei nas mãos de Deus e parti para Brasília. Quando o avião levantou voo, a visão do amanhecer sobre a selva amazônica ao redor de Belém era espetacular. Olhando aquela maravilha, comecei a meditar o quanto a vida e o ministério tinham que ser totalmente firmados em Jesus, minha rocha eterna e inabalável, e como nada poderia tomar o lugar dele. Inspirado, peguei um caderno e comecei a escrever uma poesia com base no texto de 1Pedro 2: 6,7:

> "Pois isso está na Escritura: Eis que ponho em Sião uma pedra angular, eleita e preciosa; e quem nela crer não será, de modo algum, envergonhado. Para vós outros, portanto, os que credes, é a preciosidade; mas, para os descrentes, a pedra que os construtores rejeitaram, essa veio a ser a principal pedra, angular".

Logo a música começou a fluir, ainda durante o longo voo. Naquele momento, todo o sentimento de frustração rapidamente se transformou em um cântico de louvor a Jesus Cristo, a quem seja a glória e a honra para sempre!

> *Jesus, a rocha eterna, a pedra angular*
> *Que os poderes do inferno não puderam derrubar*
> *Jesus, a vida eterna, deixou glória e poder*
> *Como sacrifício vivo, por nós veio morrer!*
>
> *Mas a morte e o inferno não puderam derrotar*
> *Pois havia um plano eterno que o fez ressuscitar*
> */E por isso toda glória, toda honra e louvor*
> *Sejam dados a Jesus, nosso amado Salvador!/*
>
> *Aleluia!*
> *Toda glória e louvor*
> *Aleluia!*
> *A Jesus, nosso Senhor!*

Ao chegar a Brasília, com Alda Célia, Ludmila Ferber e Bené Gomes, junto ao grupo de irmãos daquela localidade, passamos à produção do disco, que se chamaria *Digno*. Neste projeto incluímos o recém-composto, *Jesus, a rocha eterna*, como um

146 A HISTÓRIA POR TRÁS DA MÚSICA

dos temas. Esta foi a primeira gravação dessa canção, ainda em 1991, feita para a Comunidade Evangélica de Brasília, com quatro solistas: Alda Célia, Ludmila, Bené e eu.

Posteriormente, em um outro congresso, reencontrei o irmão responsável por aquele evento de Belém do Pará. Ao me olhar, ele simplesmente falou:

— Puxa, Asaph! Não paguei sua passagem! Quanto foi?

Com amor e perdão, passei-lhe o valor, que ele prontamente me entregou.

Todo aquela situação ficou para trás, porém a canção, cuja história foi narrada aqui, ficou marcada para sempre em meu coração como um presente especial de Deus.

Voltei a gravar essa música em meu disco *Ao nome de Jesus*, em 1992, com um arranjo maravilhoso de Nilson Ferreira e solo de Carmélia Tonin. Em 1997, foi gravada por Jorge Cordeiro em seu CD *Grande é Só Deus*, no estúdio da Life. Também em 2011, fez parte da seleção do CD/ DVD *Rastros de Amor – 35 Anos de Ministério*, da Som Livre, e a cantei com as queridas Ludmila Ferber e Alda Célia.

Jesus, a rocha eterna (Rocha eterna)

- Ano: 1991
- Compositor: Asaph Borba
- Gravações: LP, K7, CD *Ao Nome de Jesus*; CD *Cânticos de Alegria*; CD/DVD *Rastros de Amor*

CANÇÃO
31

Amigo verdadeiro
(Tu és a fonte de vida)

Como já narrei, os encontros nacionais que participei em Brasília, de 1986 a 1991, foram inesquecíveis por diversos aspectos. Um deles foi conhecer a renovação promovida por Deus na Igreja em todo o Brasil, bem como fazer parte dela. Irmãos de quase todos os estados brasileiros estavam presentes neste grande evento, que acontecia anualmente no mês de julho. Milhares de pessoas enchiam os hotéis nas cercanias do Ginásio Nilson Nelson, no Eixo Monumental. Os eventos transbordavam vida e força espiritual, impactando a nação com algo novo de Deus, o que se alastrava rapidamente por todo o país por meio das vidas que participavam desse mover.

Outro aspecto marcante era conviver com líderes de todas as idades, pastores, músicos e irmãos de diferentes denominações e comunidades, os quais se tornavam protagonistas da nova reforma na Igreja brasileira. Um desses irmãos foi o músico Nilson Ferreira, excelente pianista e com muita unção de Deus para tocar e ministrar. Com ele também foi amor à primeira nota! Nilson era inicialmente da Comunidade Evangélica do Rio de Janeiro — Vila da Penha —, e num projeto de expansão, fez

148 A HISTÓRIA POR TRÁS DA MÚSICA

parte da formação da Comunidade Internacional da Zona Sul. Sua equipe, coordenada pelo pastor Marco Antônio Peixoto, repartia comigo e com alguns outros irmãos a liderança da música nas reuniões dos encontros em Brasília.

A partir desses congressos, nossa amizade foi se estreitando. Nilson e eu nos encontrávamos durante o ano em outros eventos e, também, para produzir diversos discos. Certa vez, quase ao final do ano de 1991, ele veio com o músico Alexandre Massena e ficou cerca de um mês em nossa casa, em Porto Alegre, para produzir o novo trabalho de sua igreja. Porém, o que realmente nos uniu foi sua necessidade de tirar um tempo de retiro com sua família, fora do contexto estressante do Rio, pois precisava discernir qual o ministério que Deus tinha para sua vida, de maneira integral. Assim, Rosana e eu oferecemos nossa casa e, em janeiro de 1992, Nilson veio e morou cerca de três meses conosco junto com sua esposa, Marilene, suas filhas, Anne e Ingrid, e ainda trouxe o jovem Alexandre.

Nilson passou a viajar comigo pelo Brasil e, naquele ano, chegamos até a ministrar e gravar ao vivo o disco *Adoração & Louvor* em Massachusetts, nos Estados Unidos, que foi lançado pela Life em 1993.

Uma verdadeira aliança de vida e de ministério nasceu entre nós e nossas famílias. Naquele tempo em que moramos juntos, Rosana e eu, com alegria, repartíamos tudo com os Ferreiras. Suas meninas, Anne e Ingrid, interagiam alegremente com nossa Aurora. Acolhemos esses amados, que, em nossa casa, passaram a conhecer uma nova perspectiva de vida na igreja e do corpo de Cristo. Ficaram tão impactados com tudo o que Deus lhes revelou, que, após voltarem para o Rio de Janeiro e ficarem por lá pelo resto daquele ano, acabaram mudando de vez para Porto Alegre em abril de 1993.

Durante aqueles três meses em nossa casa, Nilson ajudava-me arduamente no estúdio, junto com Alexandre Massena.

Massena fazia arranjos e tocava diversos instrumentos. A produção musical, assim, ficou intensa. Nossa casa, que era grande, tornou-se, durante aquele período, moradia e local de trabalho, com movimento e muita música dia e noite.

Também partilhávamos muitos momentos de comunhão. Nas refeições, quando as famílias se encontravam, a alegria das meninas era notória, os laços se estreitavam e terminávamos os dias cantando, orando e meditando na Palavra de Deus. Nilson sentava ao piano, eu pegava um violão, e o louvor fluía. Em um desses dias, pela manhã, Nilson e sua esposa Marilene trouxeram-me uma letra que expressava o que estávamos vivenciando. A poesia fora escrita pelo Nilson em um momento no estúdio em que seu coração inundou-se de muita paz e veio sobre ele a clara revelação de que Jesus era a fonte da vida, o centro de tudo e que se expressava por meio da vida dos irmãos. Ele compartilhou comigo que escrevera somente para guardar em frases a revelação daquilo que eles estavam vivenciando conosco como irmãos e igreja, mas que lhe veio o forte desejo de mostrar para mim aqueles versos. E ali, juntos, com violão, papel e caneta, nasceu a melodia e o restante da letra, inspirada pelo amor de Deus derramado sobre eles pela nossa comunhão.

Tu és a fonte de vida
O centro de todas as coisas
Em ti, eu encontro guarida
Contigo eu sou vencedor
Tu és, da alegria, a certeza
O amor que toma o meu ser
A verdadeira riqueza
Que sustenta o meu viver!

Tu és, Jesus, amigo verdadeiro
Que tenho conhecido na vida de meus irmãos

150 A HISTÓRIA POR TRÁS DA MÚSICA

Tu és, Jesus, eterno companheiro
O filho do Deus vivo, o Deus Emanuel!

Tu és a mão estendida
O cajado que traz direção
O pão que é repartido
Na vida de comunhão
Tu és a plenitude
Do Espírito que habita em mim
Em ti está toda a virtude
Da glória e da graça sem fim!

A revelação, simples e profunda, de que a presença de Cristo se manifesta por meio da vida de comunhão entre irmãos, tornou esse cântico um marco para nós. Para Nilson e eu, essa música sempre será uma lembrança do precioso tempo que partilhamos.

Amigo verdadeiro foi gravada, em 1992, no disco *Ao Nome de Jesus*, da Life. Foi incluída, em 1995, no CD *Louvores da ADHONEP – Vol.1*, pela Life. Em 1998, eu a gravei em Buenos Aires, Argentina, junto a uma seleção de canções de minha autoria, com versões em espanhol, no disco *Iglesia Viva en Adoración*, da Life. Também gravei esse cântico no disco *Vestes de Louvor*, da Life, em 2004. A canção fez parte da *Seleção de Ouro Asaph Borba*, da Line Records, em 2006. Alguns anos depois, também fez parte da coletânea do CD *Mega 10 – Adoração & Louvor*, da Graça Music.

Amigo verdadeiro (Tu és a fonte de vida)

- Ano: 1992
- Compositores: Asaph Borba e Nilson Ferreira
- Gravações: LP, K7, CD *Ao Nome de Jesus*; CD, K7 *Louvores da ADHONEP – Vol.1*; CD, K7 *Iglesia Viva en Adoración* – Argentina (versão em espanhol); CD *Vestes de Louvor*

Serviço
(Quando olho pra mim mesmo)

No final da década de 1980, conheci uma comunidade em Fortaleza, no Ceará, chamada Igreja Betesda, liderada pelo pastor Ricardo Gondim, homem simples e comprometido com Deus, com uma mente lúcida e uma profunda visão da Bíblia. Ele era um dos preletores convidados para os congressos da Visão Nacional de Evangelização (VINDE), dos quais eu também participava.

Nessa congregação, tornei-me amigo de outro irmão, o músico Alisson Ambrósio, um moreno magro e bonito que esbanjava alegria e talento tocando o violão com a mão esquerda. Nos vários congressos quando nos reuníamos em Fortaleza, passávamos as tardes cantando na praia. Alisson tinha música nos poros e compunha sobre qualquer assunto. Um dia, mostrou-me uma cantata sobre a arca de Noé, em que cada bicho era um personagem. Eu ouvia tudo maravilhado.

Ao final de 1991, recebi um convite para passar o retiro de carnaval do ano seguinte com os jovens da Igreja Betesda. Alisson era o líder e insistiu que eu levasse a família para desfrutar de alguns dias de férias nas lindas praias da região. Sem pensar na distância, Rosana e eu concordamos em viajar. A animação foi tamanha que resolvemos ir de carro. Convidei meu amigo e colega de ministério, Jan Gottfridsson, para a empreitada que envolvia nada menos que uma jornada de Porto Alegre a Fortaleza, ida e volta, ou seja, cerca de 10 mil quilômetros totais. Sem dúvida, tratava-se de um ato de coragem, visto que Jan tinha três filhos pequenos, um deles recém-nascido, e eu, minha filhinha Aurora, com apenas um ano de idade. Viajamos em fevereiro e levamos conosco uma jovem chamada Isabel Cardoso, que na época morava em nossa casa. Uma preciosa moça que, após sua conversão, enfrentou intolerância religiosa em seu próprio lar, onde não pode permanecer naquele período, e precisou de acolhimento. Nós ficamos com a Isabel por alguns anos e ela prontamente nos ajudava com nossa menina.

Nossa jornada para Fortaleza foi uma verdadeira aventura Brasil afora. Seguimos pelo litoral (BR-101) e voltamos pelo interior do país (BR-116). O que mais recordamos, contudo, foi o nosso relacionamento, bem como a parceria naqueles mais de 30 dias juntos. Os três filhos de Jan e Martha, Jonathan, Daniel e o recém-chegado Michael, e nossa filha Aurora conferiram uma alegria especial à viagem. Tínhamos tudo em comum e o tempo juntos estreitou ainda mais nossos laços.

Quando chegamos a Fortaleza, fomos levados diretamente para a casa que nos foi cedida por um irmão na bucólica praia de Cumbuco, litoral oeste do Ceará. O lugar era perfeito para férias. Por duas semanas, descansamos, comemos peixe fresco, usufruímos das mais lindas paisagens da região e até fizemos um passeio de *buggy*. Mesmo que o deleite fosse a prioridade de todos, não podíamos esquecer os afazeres da casa. Contratamos uma diarista para assumir os serviços mais pesados e estipulamos um rodízio dos demais trabalhos domésticos, os quais, a princípio, deveriam ser cumpridos fielmente por cada um de nós.

Uma tarde, depois de um bom repouso e de um banho de praia, comecei a compor. O ambiente de tranquilidade me induzia a escrever uma música atrás da outra. Descansar em um lugar lindo era tudo o que minha inspiração precisava. Eu estava motivado, trabalhando em dois projetos: um novo disco de adoração e outro que daria sequência à série *Família*.

Foi então que, após o jantar, chegou a minha hora de lavar a louça e eu, que seguia inspirado, já voltara ao violão e estava no meio de outra composição. O tempo foi passando e minha cantoria começou a causar mal-estar, pois a louça continuava na cozinha para ser lavada. Então, ao passar pela sala, Rosana falou:

— Meu amor, a louça está esperando há meia hora, depois vai ficar tarde.

E Martha, com sua "peculiar" doçura, acrescentou:

— A loucinha tá esperando! Depois vai fazer barulho quando os meninos forem dormir.

Por fim, minha inspiração virou irritação: "Como meus queridos não compreendem toda a unção e o momento inspirativo que envolve compor uma canção?", dizia a mim mesmo. "A louça vai esperar!", decidi indignado.

Para espanto de todos, fui com o violão, a Bíblia, o caderno e o lápis ao quarto dos fundos e me tranquei a fim de terminar meu trabalho, mas não consegui. Um peso tomou meu coração. Então, após um profundo quebrantamento do Espírito Santo, vi que a comunhão e o serviço aos meus queridos eram o mais importante. Não havia mais nada a fazer a não ser voltar, pedir perdão e lavar a louça. Depois da decisão, quando já estava de saída, esta poesia simplesmente emanou de meu coração:

Quando olho pra mim mesmo, ó quão falho ainda sou
Vejo o quanto ainda preciso expressar o teu amor
Vejo o quanto ainda preciso expressar a ti, Senhor!

Quero olhar com os teus olhos os que estão ao meu redor
Quero aprender servi-los porque dar é bem melhor
Quero aprender servi-los porque dar é bem melhor!

Com a água e a toalha, tu me deste a lição
De um padrão que nunca falha pra viver em comunhão
São nas pequeninas coisas que expresso a ti, Jesus
São nas pequeninas coisas que irradio tua luz!

Não viver mais pra mim mesmo eu preciso aprender
Isto só será possível o quanto eu mais te conhecer
Repartiste tua vida, transformou-a em vinho e pão
Quero repartir a minha em serviço aos meus irmãos!

Assim que terminei de compor a música, saí do quarto e pedi perdão aos meus amigos e à minha esposa. Já com o coração transformado, rapidamente lavei a louça, e depois me sentei de novo à mesa para mostrar o novo cântico, que passamos a entoar com alegria. Foram dias de muita bênção. Inesquecíveis! As experiências de convívio e relacionamento serviram para que crescêssemos muito naquela viagem.

Em 1994, essa canção foi lançada pela Life na voz de Marelísia Dias, no disco *Família II – Família, um Projeto de Deus*, que reúne todas as outras canções que o Senhor me concedeu naquele significativo verão de 1992. Em 1999, gravei esse cântico com Daniel Souza, em seu disco *Discípulos – Ao Vivo*, o primeiro dessa série.

Serviço (Quando olho pra mim mesmo)

- Ano: 1992
- Compositor: Asaph Borba
- Gravações: LP, K7, CD *Família, um Projeto de Deus*; CD, K7 *Família 1 e 2*

Joguem as redes no mar

Nos primeiros anos da década de 1990, eu continuava morando no prédio familiar dos Torres, localizado na avenida Soledade, onde alugava, por um preço bem acessível, o apartamento de dois andares de meus amigos Paulo e Alice Torres, a quem conhecia desde os meus primeiros dias de vida cristã. Era um milagre e uma benção poder morar em um lugar como aquele e ainda realizar nossas produções ali. Sou grato a Deus e ao querido casal por terem nos cedido seu imóvel durante todos aqueles oito preciosos anos, de crescimento de nossas vidas e desenvolvimento de nosso ministério.

O estúdio da Life ficava bem instalado no andar subsolo do apartamento, tanto a sala de produção e gravação quanto a sala acústica para a gravação das vozes e dos instrumentos. Somente no ano de 1995 é que transferimos o estúdio para a nova sede, no bairro Partenon, onde se instalou a nossa congregação em Porto Alegre.

Além da moradia e do estúdio, em nossa casa também eram realizadas as atividades de nossa célula, que crescia continuamente, já que os discípulos se multiplicavam. Boa parte dos irmãos cumpria seu chamado como discípulo de Cristo, o que rendia muitos frutos ao reino de Deus. Cada vida que chegava era motivo de alegria, mesmo que algumas dessas pessoas viessem com sérios problemas, sobretudo no que dizia respeito à vida familiar.

Durante um bom tempo, chegamos a ter onze crianças que viviam somente com suas mães, ou só com o pai, e ainda algumas delas morando com avós e tios; que eram somadas a mais seis crianças dos casais do grupo. Sempre precisávamos preparar algo para elas na reunião, pois eram quase um grupo caseiro paralelo. Contudo, nossa célula era uma verdadeira família e todos se sentiam acolhidos e felizes em frequentar o grupo.

A constância do amor, da comunhão e do louvor entre nós gerava um ambiente que era, para mim, fonte inesgotável de desafios, oração e inspiração. Se posso definir, foi a época mais frutífera de composições! As muitas experiências vivenciadas no cuidado para com as pessoas enriqueciam nossa vida e ministério. Porém, com toda essa demanda, Rosana e eu também julgávamos de extrema importância zelar por nosso relacionamento e vida familiar, já que ajudávamos muita gente acolhendo nas reuniões em casa e até mesmo, às vezes, trazendo para morarem conosco por algum tempo. Isso, porque algumas dessas pessoas ficaram temporariamente sem ter para onde ir, por serem rejeitadas por pai ou mãe, por estar grávida e sozinha, ou ser uma estudante precisando de ajuda, ou, ainda, por estarem em busca de apoio e de um refúgio para recomeçarem a vida. Nossa casa era, para cada uma delas, um porto seguro. Todas as semanas, algum novo contato aparecia e passávamos a trabalhar para conquistá-lo e nele consolidar a doutrina e a vida de Cristo.

Nesse contexto, numa sexta-feira, preparei-me para receber alguém que um dos irmãos traria para conversar comigo no sábado de manhã. Fui advertido de que a pessoa estava passando por problemas sérios, então, antes de dormir, pedi a Deus que me desse a palavra certa, com o intuito de ajudar aquela vida.

Durante a noite tive um sonho. Nele, meu pastor Moysés Moraes me convidou para pescar com ele, e eu aceitei. Lembro-me nitidamente dele em uma cabeceira de ponte, ensinando-me a jogar a tarrafa, pegando muitos peixes. Na vida real, eu nunca havia aceitado seu convite, embora ele o tivesse feito diversas vezes, pois meu pastor sempre gostou de pescar. Quando acordei, ainda embalado pelo sonho, uma letra começou a surgir: "Joguem as redes no mar", meu coração cantava. Corri para o piano, no andar de baixo e, sem esforço, a música brotou com a poesia completa, escrita com avidez em meu caderno. Depois, compreendi que aquilo preconizava o que passaria a acontecer a partir do encontro daquela manhã:

Ao olhar para o mar que é o mundo
Quão difícil parece pescar
Porém, ouço a voz de Jesus ordenando:
— Joguem as redes no mar!
E, debaixo da sua palavra, obedeço
Confiando que ele fará
Nossas redes, que outrora eram rotas e vazias,
Muito em breve irão transbordar

Joguem as redes no mar
Joguem as redes no mar
Não importa a hora, circunstância ou lugar
Joguem as redes no mar
Trazendo para o reino de Deus muitas vidas
Que no mundo estão a morrer
Ainda hoje escuto Jesus ordenar:
— Joguem as redes no mar!

Naquele sábado, então, recebi o moço para uma conversa e pude ver cumprir-se exatamente o que sonhara e me inspirara a compor. Estávamos, como discípulos de Cristo, fazendo nossa

158   A HISTÓRIA POR TRÁS DA MÚSICA

parte: jogando as redes ao mar e coletando vidas para o reino. O rapaz que veio à nossa casa, entregou sua vida a Jesus e passou a fazer parte de nossa célula. No mesmo período, fui levado por outro irmão à casa de um primo, onde toda a família foi salva. Pouco depois, fomos até outra casa, onde a sogra desse irmão também foi resgatada para o Senhor. Nossas redes estavam transbordando. Aleluia!

Gravei pela primeira vez esta canção em 1999, com minha Rosana, no CD missionário da Life, *Bridges of Love (Pontes de Amor)*. O título desse trabalho tornou-se o nome de nosso ministério internacional. Também incluí o cântico no último trabalho de gravação para a Associação de Homens de Negócio do Evangelho Pleno (ADHONEP), *Louvores da ADHONEP – Vol. 8*, em 2002, que foi cantado e produzido musicalmente pelo tenor Daniel Regis Cavalcanti, no estúdio da Life. Em 2012, fez parte do repertório de nosso disco *Eu Escolhi Jesus*, da Som Livre, quando a cantei com Carmélia Tonin.

Joguem as redes no mar

- Ano: 1992
- Compositor: Asaph Borba
- Gravações: CD, K7 *Bridges of Love*; CD *Louvores da ADHONEP – Vol.8*; CD *Eu Escolhi Jesus*

Família, um projeto de Deus

Os congressos da Visão Nacional de Evangelização (VINDE), organizados pelo pastor Caio Fábio e por sua equipe, foram de grande importância para minha vida e para meu ministério, assim como para todo o cenário evangélico brasileiro, de meados da década de 1980 até o decorrer da década de 1990. A palavra e a visão desse pastor, natural de Manaus, que morava em Niterói, no Rio de Janeiro, atingiam e influenciavam a Igreja no Brasil. Seus congressos para pastores e líderes, realizados na cidade de Serra Negra, em São Paulo, e, mais tarde, seus encontros com foco na família, que ali iniciaram e se deslocaram para a cidade de Foz do Iguaçu, no Paraná, e, depois, para Guarapari, no Espírito Santo; bem como seus congressos para a juventude e seus eventos, denominados Pare e Pense, dos quais participei em diferentes cidades brasileiras; eram todos pautados por uma pregação forte e bíblica, acompanhados de muito louvor e adoração.

A Igreja, em geral, reconhecia esse ministério de forma nunca vista antes em nossa nação. Caio Fábio e sua equipe usavam programas de TV e de rádio, assim como livros, revistas, cassetes, CDs e videocassetes, para expandir o reino de Deus. Após alguns convites feitos por um querido amigo, João Bezerra, na época diretor de eventos da entidade, consegui, por fim, agendar minha participação no Congresso da VINDE para Pastores e Líderes de 1989. Depois disso, não parei mais de ir, até o término do projeto no final dos anos 1990.

Durante quase uma década, todos os anos saíamos de Porto Alegre com uma boa equipe musical e alguns, como meus sogros, para ajudarem na infraestrutura, e nos dirigíamos a esses congressos, que foram se tornando cada vez mais relevantes. O público, formado por pastores e líderes, dava outro tipo de visibilidade ao nosso ministério e ampliava os contatos Brasil afora. Mesmo não sendo esse o objetivo, em qualquer evento, nossa agenda explodia após cada participação e a divulgação dos discos crescia de forma exponencial. Nunca tivemos muita força nas mídias pré-internet, então esses contatos eram primordiais para expandir nosso trabalho.

Meus pastores, por sua vez, viam todo esse movimento com cautela. Liberavam-me, mas com a recomendação de tomar muito cuidado para que nada roubasse meu coração ou comprometesse o testemunho e a visão do reino que, desde que me convertera ao Senhor, eu vinha recebendo na igreja em Porto Alegre. Eu guardava o conselho e seguia mantendo uma forte amizade com Caio e sua assessoria, os quais me viam como uma peça-chave de seu projeto. Em função disso, o próprio Caio e sua esposa Alda me convidaram para um envolvimento mais estreito com a VINDE, o que me custaria mudar para o Rio de Janeiro. Eu seria o diretor musical dos congressos e responderia pela parte musical nas rádios e na televisão. Partilhei a questão com meu pastor Moysés, que a levou à liderança da igreja em Porto Alegre. Depois de muitos meses de oração, veio a resposta:

— Asaph, nenhum de nós sentiu que essa é a direção de Deus para tua vida.

FAMÍLIA, UM PROJETO DE DEUS **161**

Apesar da insistência do Caio, a mudança não aconteceu, pois decidimos como família acatarmos a orientação de nossos pastores. Nessa mesma época, começamos a perceber dificuldades em nossa filha Aurora. Poucos anos depois, descobrimos que ela nascera com síndrome de Prader-Willi. Deus sabia o quanto precisaríamos do apoio da família e da igreja na qual estávamos profundamente inseridos.

Porém, mesmo após essa decisão negativa quanto a mudança para o Rio, meu envolvimento com a VINDE continuou, pois, além dos congressos para pastores e líderes em Serra Negra, passei a participar dos congressos para família, que iniciaram nessa cidade e logo foram deslocados para Foz do Iguaçu, como citei anteriormente.

Em 1993, quando estive no primeiro encontro para família, cujo tema era "Família: ideia de Deus", inspirei-me a continuar o projeto de gravações voltado às famílias. Então, ao retornar para casa, como fruto de ministrações tão enriquecedoras para mim, nasceu um dos cânticos que daria sequência a esse plano, nomeando, assim, o trabalho, *Família, um Projeto de Deus*, nosso segundo disco da série *Família*, o qual foi lançado pela Life em 1994.

Criou Deus o homem, também a mulher
Lhes deu um ao outro para amar e servir
E a ambos deu filhos pra lhes dar alegria
Formando, assim, a primeira família

Mas, desde o princípio, o inimigo tentou
Destruir o que é lindo, o que Deus criou
Através da mentira, da inveja e pecado
Trouxe a morte e a ira, maculando a família

Mas Deus, sendo Pai, não se deu por vencido
Promoveu o resgate do que estava perdido
Enviando Jesus, luz divina que brilha
Restaurando na cruz sua grande família

162 A HISTÓRIA POR TRÁS DA MÚSICA

E por isso ainda hoje, em qualquer circunstância
Deus ama a família, na velhice ou infância
Acima de tudo, do universo e do mundo
Eu sei que a família
Eu sei, eu sei que a família
Eu sei que a família é um projeto de Deus!

A letra da canção mostra com clareza o propósito eterno de Deus, o qual nasce na família, quando pai e mãe geram filhos que honrem e glorifiquem ao Senhor neste mundo. Mesmo com a interferência do pecado, esse propósito não foi desfeito e nunca o será, apesar dos ataques sofridos contra aquela que é a instituição mais antiga entre os seres humanos, pois foi Deus quem criou a família.

Assim como este, muitos outros temas de congressos e eventos da VINDE serviram de inspiração para minha vida e ministério. Por certo, a influência da Visão Nacional de Evangelização, como já mencionei, estendeu-se a pastores de todo o Brasil. Nós todos fomos profundamente tocados pelas pregações de Caio Fábio que, durante mais de uma década, foi fator de convergência para a liderança cristã brasileira. A revelação e a motivação para a vida prática da Igreja foi abundante e deixou seu legado. Expresso aqui a minha profunda gratidão!

Família, um projeto de Deus

- Ano: 1993
- Compositor: Asaph Borba
- Gravações: LP, K7, CD *Família, um Projeto de Deus*; CD, K7 *Família 1 e 2*; CD, K7 *Laços de Amor*; CD *Família de Deus*

Yeshua Ha Mashiah
(*Ieshuah Ha Mashiah*)

Essa foi uma das estações mais intensas de nossa vida e ministério. Além de nosso projeto ministerial de louvor e adoração com gravação todos os anos, ainda passamos a investir tempo nos dedicando a produções missionárias. Ademais, a partir de 1995, começamos a gravar também um disco anual para a ADHONEP, cujas convenções, tanto nacionais quanto internacionais, aconteciam todos os anos no Rio de Janeiro, das quais passei a participar desde 1990 como responsável pelo louvor.

Nessa época, estreitei meus laços com a Missão Portas Abertas, tanto nos Estados Unidos quanto na Holanda, país sede. Eles estavam realizando projetos em diferentes partes da América Latina e em virtude da boa aceitação de minhas produções musicais em Cuba, a diretoria da missão nos Estados Unidos passou a prestar atenção em mim e nos trabalhos que eu desenvolvia.

Então, Richard Luna, diretor de Portas Abertas nas Américas, chamou-me para uma reunião em Miami. Quando lá cheguei, cheio de expectativas, Richard desenhou com muito entusiasmo a sequência de um projeto ainda maior, o qual envolveria a etnia Quéchua, no Peru, que fora evangelizada e precisava de música cristã gravada em seu idioma. Esse povo estava sendo perseguido e martirizado pelos guerrilheiros peruanos maoístas do Sendero Luminoso e um projeto musical lhes traria alegria e alento, e também ajudaria a inculcar a mensagem do Evangelho. O trabalho ainda incluiria congressos para o ensino de louvor e adoração em regiões remotas da América Andina. Nos meses seguintes, o ousado projeto foi ganhando peso e acabou rendendo-me muitas viagens ao Peru.

Em meio às produções para Cuba e Peru, recebi um telefonema de Luna, falando de uma nova frente para o Oriente Médio. Vibrei de alegria! Oramos e Deus cada vez mais nos trazia a confirmação e sua bênção em tudo que estávamos fazendo. Na sequência, eu iria para a Jordânia, país indicado pela Portas Abertas, onde estavam os contatos com quem deveríamos trabalhar nos próximos anos, devido à carência da região relativa a gravações de música cristã para edificação e propagação do Evangelho.

Estabelecido o projeto no Oriente Médio, Richard Luna lançou mais um desafio missionário. O trabalho era uma produção na Colômbia, o que acabou se concretizando em 2001, quando gravamos um disco com cristãos colombianos para ser distribuído gratuitamente a segmentos das Forças Armadas Revolucionárias da Colômbia (FARC), porque poucos eram alfabetizados. Essa foi uma porta aberta milagrosamente por Deus, por meio da qual nosso projeto pôde levar o Evangelho até eles.

Por intermédio de um contato com John Ferguson, da Christ for All Nations (CFAN), de Heinhard Bonnke, em uma cruzada feita por esse evangelista alemão em Porto Alegre, no final de 1994, recebemos o apoio financeiro para os projetos realizados em Cuba e também no Peru.

Nesse período, foi igualmente importante a conexão feita com a Integrity Music, produtora cristã norte-americana, por meio do encontro com seu diretor para a América Latina, Dario Navak, na mesma cruzada evangelística da CFAN. Por intermédio desse contato, fui convidado a gravar para a Integrity o disco *Rio de Vida*, lançado em 1996, e esse ministério passou a colaborar também com nossos projetos de gravação tanto no Oriente Médio, onde o primeiro deles se efetivou em 1997, quanto na Colômbia.

Assim, vi meu ministério tomar outro rumo. Meu foco de atuação deixou de ser somente o Brasil, estendendo-se para diversas nações.

Nossa empresa, Life Serviço de Comunicação, comprometeu-se a promover a música de Deus em outras terras, que, na época, estavam mais necessitadas que o Brasil.

Em 1995, transferimos a Life para um novo prédio, aonde levamos o escritório e ali também construímos um ótimo estúdio de gravação. Era na rua Monteiro Lobato, bairro Partenon, e o local da nova sede de nossa congregação em Porto Alegre. Com mais espaço, pudemos contratar mais funcionários para dar conta da demanda de trabalho e, no ano seguinte, montamos um departamento de arte para produzir nossas capas de CDs, cassetes e impressos em geral. Para o setor contratamos outra querida amiga, Julie Anne Ungaretti, também filha de meu pastor Erasmo, que fazia tudo com muito esmero.

Além desse departamento, tínhamos uma equipe completa no novo estúdio, com técnicos, arranjadores e músicos que davam conta das muitas produções simultâneas, nas quais passamos a trabalhar ao mesmo tempo.

Ainda em 1995, eu havia iniciado a produção de um disco chamado *Alegre-se, Israel*, inspirado pelo recém-lançado disco de Paul Wilbur, *Shalom, Jerusalem*, produzido pela Integrity Music. As músicas com ritmos judaicos sempre me cativaram, mas o disco do Paul maravilhou-me e inspirou sobremaneira, a ponto de eu começar a compor uma música atrás da outra com influência judaica. Em poucas semanas, eu já tinha canções para um disco inteiro. Então, coloquei o trabalho nas mãos do arranjador Alexandre Malaquias, que, naquela época, trabalhava em

166 A HISTÓRIA POR TRÁS DA MÚSICA

nosso estúdio. Contudo, eu ainda precisava de uma música que expressasse a conjuntura do momento pelo qual eu estava passando. Meditando, sentado ao piano de meu escritório na nova Life, um dia este cântico nasceu em meu coração:

De toda tribo, língua, povo e nação, muitos virão a ti
Com salmos de júbilo e celebração, se achegarão a ti
Proclamando a tua glória, celebrando o teu amor
E a vida que foi dada por Jesus, nosso Senhor!

Yeshua Ha Mashiah,
Yeshua Ha Mashiah,
Yeshua Ha Mashiah,
O filho de Deus!

Junto com os anjos, na presença do Senhor
Te exaltamos e adoramos, proclamando teu louvor
São milhares e milhares, todos em uma só voz
Celebrando a vitória que deu vida a todos nós!

Todo joelho se dobrará
Toda língua confessará
Que Jesus é o Senhor!

Apesar de não ser uma das músicas mais divulgadas de meu repertório, ela ganhou relevância por expressar um período lindo em nossa vida e ministério. Eu já estava trabalhando em Cuba e no Peru e, nos anos seguintes, Deus me enviaria a várias nações, em continentes diferentes, para me mostrar exatamente o que a música falava: toda tribo, língua, povo e nação louvando e adorando a Deus.

Foi a canção tema de nosso CD *Alegre-se, Israel*, lançado em 1996. Pouco tempo depois, esse disco originou o meu primeiro videocassete (VHS), que foi produzido de maneira simples em Israel no ano de 1997, com a ajuda de dois preciosos irmãos,

Marcos Camargo e Marco Antônio Reis. Anos mais tarde, este vídeo foi relançado pela Life em forma de DVD. Ainda em 1997, eu gravei a canção no CD *Louvores da ADHONEP – Vol.3*, com um vibrante arranjo de Alexandre Malaquias. Regravei esse cântico, em 2014, no álbum *O Centro de Todas as Coisas*, da Som Livre, com outro excelente arranjo de Alexandre Paz, quando acrescentei uma parte final à música.

Essa canção marcou profeticamente o início de meu ministério no Oriente Médio, que perdura até hoje.

Yeshua Ha Mashiah (Ieshuah Ha Mashiah)

- Ano: 1995
- Compositor: Asaph Borba
- Gravações: CD, K7, VHS, DVD *Alegre-se, Israel*; CD, K7 *Louvores da ADHONEP – Vol.3*; CD *Cânticos de Alegria*; CD *O Centro de Todas as Coisas*

Jesus

A chuva caía torrencialmente em Porto Alegre quando aterrizei naquela fria segunda-feira, em meados de junho de 1996. Como ocorria semanalmente, eu estava chegando do centro do país, acompanhado de meu fiel companheiro de jornada na época, o músico Samuel Oliveira, voltando de mais um congresso abençoado.

O vai e vem em aeroportos é sempre cansativo. Após rever a família, fui descansar pela tarde, porém lembrei que estava escalado para a ministração do louvor na reunião semanal da congregação na zona norte da cidade, a uns trinta minutos de nossa casa. Liguei para o Sami, que, mesmo cansado, topou me ajudar com o piano. Assim, sem nenhuma vontade natural, mas sempre com o desejo de abençoar os irmãos e a Igreja, dirigi-me à tardinha, ainda com o clima chuvoso, para a reunião da congregação.

Quando cheguei, a chuva aumentou a ponto de eu ficar ensopado, mesmo tendo estacionado quase em frente à porta. Pouco depois, apareceu o pastor e amigo, João Nelson Otto, responsável pelo encontro, seguido por Samuel e outros cinco irmãos. Todos estavam encharcados e encarangados de frio.

A reunião começou com oração, mas o quórum não passava de dez pessoas. Fiquei esperando a hora de tocar e cantar, sem, no entanto, ter nenhum cântico no coração para direcionar o louvor. Ao me aproximar do microfone ainda estava com minha alma desmotivada, fruto do cansaço e das circunstâncias climáticas do dia. Mas, como sempre, por obediência e amor a Deus e ao chamado, segui em frente. Assim, olhei para trás e disse ao Samuel:

— Sol maior.

Com um dedilhado firme, o acorde ressoou no ambiente. Repeti a harmonia por uns quatro compassos de olhos fechados. Então, no momento em que abri os lábios, o nome de Jesus simplesmente soou:

— Je-e-e-sus, Je-e-sus, Je-e-sus!

Sim, meu espírito cantou a única coisa que podia preencher os espaços vazios naquela hora. Muito além das minhas forças e dos meus dons, e de maneira completamente distinta de tudo que eu já havia escrito, o nome de Jesus saiu de meu coração, de um jeito original e simples, e a glória de seu nome encheu o lugar. Depois de cantar a primeira parte, a segunda melodia fluiu com a mesma letra:

— Je-e-sus, Je-e-sus!

Os poucos irmãos presentes logo sentiram que algo novo estava nascendo e começaram espontaneamente a cantar comigo. Na sequência, um a um, eles passaram a testemunhar o que Cristo havia feito em suas vidas. A reunião inteira foi baseada nesse cântico e nos testemunhos que realçavam as virtudes de Cristo.

Jesus, Jesus, Jesus!
Jesus, Jesus, Jesus!

Jesus, Jesus!
Jesus, Jesus!

A forma como a música propagou-se foi sobrenatural. Por sua simplicidade e, ao mesmo tempo, pela riqueza do nome invocado, ela foi rapidamente assimilada. Em setembro de 1996, gravei esta canção ao vivo com Daniel Souza durante o encontro Restaurando a Visão III, em São Vicente, São Paulo, que foi lançada no disco *Frutos do Espírito IV – Olhando para Jesus*, propiciando a divulgação da música por todo o Brasil. Em 1997, dei a um querido amigo, Moysés Malafaia, permissão para gravá-la no disco *Jesus, Fonte de Alegria*, do Projeto Vida Nova de Irajá, no Rio de Janeiro, o que tornou esse cântico mais conhecido ainda em nosso país.

Tenho cantado esta canção em todos os países por onde Deus tem me levado desde que a compus, pois o nome de Jesus é universal. Além de cantá-la por quase todos os estados do Brasil, cantei-a na África do Sul, na Bélgica, no Chipre, na Colômbia, nos Emirados Árabes, na Eslovênia, na Espanha, nos Estados Unidos, na Finlândia, em Guiné-Bissau, na Holanda, na Inglaterra, em Israel, na Itália, no Japão, no Líbano, em Luxemburgo, na Macedônia, no Marrocos, no Nepal, na Noruega, na Palestina, no Paraguai, no Peru, na Polônia, na República Tcheca, na Rússia, no Senegal, na Síria, na Suécia, na Turquia e no Uruguai. E também já ministrei e gravei esta canção na Alemanha, na Argentina, no Chile, no Egito, na Jordânia e em Portugal.

Somado a todo esse alcance, nenhum dos meus muitos cânticos trouxe tantos recursos financeiros para nosso ministério e nossa casa! A música surgiu num momento em que eu passei, com mais intensidade, a visitar outras culturas e nações mundo afora, e Deus sabia o quanto eu precisaria de um cântico que unisse simplicidade e força. Até hoje, quando o canto, a bênção sobrenatural do Pai pode ser sentida com a mesma graça, unção e alegria, pois ele é o nome que está sobre todo nome. Aleluia, Jesus!

Quando me questionaram o motivo de ter deixado os católicos usarem a minha música, simplesmente respondi:

JESUS 171

— O nome de Jesus não pertence a mim!

Uma curiosidade: por onde vou, no Oriente Médio, sou conhecido como o compositor da música *Yesua* ou *Yesu* [Jesus], que se tornou muito popular nas igrejas da região, e também pela ampla veiculação da mesma em um dos clipes que gravei no Egito para o canal de TV SAT-7, uma rede cristã de televisão por satélite.

A primeira gravação da canção feita pela Life foi em 1997, no nosso disco ao vivo *Igreja Viva – Vol.1*. Ainda em 1997, eu a regravei no CD *Louvores da ADHONEP – Vol.3*, da Life. Em seu quinto trabalho instrumental, lançado nesta época, o saxofonista Hilquias Alves a gravou no disco *Caminhos do Amor*. Em 1998, eu a gravei em Buenos Aires, Argentina, junto a uma seleção de canções de minha autoria, com versões em espanhol, no disco *Iglesia Viva en Adoración*, da Life. Também nesse ano, a gravamos ao vivo na Comunidade Nova Aliança em Londrina, Paraná, no disco *Igreja Viva – Vol.5*, da Life. Em 1999, fez parte de uma coletânea de canções no CD missionário da Life, *Bridges of Love (Pontes de Amor)*, no qual a canção foi gravada em português, inglês, árabe e espanhol. No ano 2000, também a gravei ao vivo no projeto *Igreja Viva em Portugal*, da Life, com arranjos e direção musical de David Neutel, naquele país. Ainda nesse ano, o padre Marcelo Rossi gravou a canção *Jesus* em seu segundo CD, intitulado *Canções para um Novo Milênio – Ao Vivo*, acrescentando versos à canção; no ano seguinte, em 2001, lançou-a na coletânea *Padre Marcelo para Crianças*; ambos feitos para o público-alvo católico. O pianista David Lisboa Neto, da Igreja Batista Palavra Viva, gravou essa canção, em 2001, no seu CD instrumental *De Olhos Fechados*. Também nesse ano, gravei essa música em Weinstadt, na Alemanha, no disco *Herrlichkeit & Ehre / Glory & Honour*, da Life, em uma versão em alemão. Em 2003, eu a gravei em Santiago, no Chile, com outra seleção de canções de minha autoria em versões no espanhol, no CD *Le Adoraremos hasta el Fin del Mundo*, da Vida Producciones Ltda. Essa canção

172　A HISTÓRIA POR TRÁS DA MÚSICA

fez parte da seleção do CD/DVD *30 Anos de Louvor e Adoração*, da Life, em 2006, com a participação de Daniel Souza e Ester dos Santos. Em versão no espanhol, fez parte da coletânea do CD produzido para a primeira conferência de adoração na Síria, em 2008, *The Joy of The Lord – Asaph Borba (Middle East Collection)*, pela International Worshipers Fellowship. Em 2014, o Songs of Heaven Team, uma banda cristã de Amã, na Jordânia, gravou esta canção em árabe para o CD do nosso livro *Adoração: quando a fé se torna amor*, lançado nesse mesmo idioma. Em 2016, a Missão Evangélica Árabe do Brasil (MEAB), em parceria com a Life, lançou o CD *Adorando com os Filhos de Ismael*, com sete canções em versões no árabe e no português, com a finalidade de gerar recursos para treinamento e mobilização de missionários para o mundo árabe, no qual a canção *Jesus* foi incluída. Em 2018, gravei esse cântico no CD *Tributo – Vida e Obra de Moysés Malafaia*, que produzi juntamente com o músico Silas Palermo, pela Life, em memória a esse precioso ministro de louvor que partiu para estar com o Senhor.

Jesus

- Ano: 1996
- Compositor: Asaph Borba
- Gravações: CD, K7 *Igreja Viva – Vol.1*; CD, K7 *Louvores da ADHONEP – Vol.3*; CD, K7 *Iglesia Viva en Adoración* – Argentina (versão em espanhol); CD, K7 *Igreja Viva – Vol.5*; CD, K7 *Bridges of Love* (versões em português, inglês, árabe e espanhol); CD *Igreja Viva em Portugal*; CD *Herrlichkeit & Ehre/ Glory & Honour* – Alemanha (versão em alemão); CD *Le Adoraremos hasta el Fin del Mundo* – Chile (versão em espanhol); CD/DVD *30 Anos de Louvor e Adoração*; CD do livro árabe *Adoração: quando a fé se torna amor* – Jordânia (versão em árabe); CD *Adorando com os Filhos de Ismael* (versões em português e árabe)

Nos braços do meu Pai

Depois de quase uma semana na cidade de Ayacucho, no Peru, onde trabalhei intensamente gravando um disco com um grupo de quéchuas, descendentes dos incas, os quais se tornaram cristãos por meio de um maravilhoso trabalho missionário; por fim cheguei a Havana, em Cuba, na primeira semana de julho de 1996.

Após visitar os irmãos da Liga Evangélica, uma das principais igrejas da ilha, retornei ao Hotel Capri, no centro da cidade. Era minha primeira noite na capital cubana, onde aconteceria o lançamento dos quatro discos que ali havia gravado com grupos cristãos, de adultos e de crianças, alguns meses antes, com meu irmão Abner Borba. Em meu quarto, comecei a separar o material para o doutor Eliezer Veguilla, do estúdio Batista, que eu visitaria no outro dia.

Sentia saudades de casa e ansiava por notícias. Meu último telefonema fora no domingo, enquanto ainda estava no Peru, e já era sexta-feira. Liguei para a recepção, passei o número e aguardei a ligação por alguns minutos. Pouco tempo depois, o telefone tocou. Voei sobre a cama para pegar o aparelho. Foi quando ouvi a voz de meu sogro, Roberto, com uma entonação diferente da normal. Com a voz embargada, ele declarou:

— Meu filho, o inimigo se levantou contra nossa casa.

Então, ele começou a narrar o que havia acontecido, o que, posteriormente, me foi descrito em detalhes por minha amada esposa.

Na tarde do dia anterior, Rosana, que acabara de entrar no oitavo mês de gestação, após ficar duas semanas gripada em casa, tinha saído com Dora, sua mãe, e com nossa filha Aurora, para comprar o enxoval do bebê, cuja previsão de nascimento era para meados de agosto. Quando voltou para casa, cerca de 20h30, abriu o portão eletrônico e manobrou o carro para entrar na garagem. Sua mãe desceu para retirar as compras do bagageiro, quando ambas notaram a aproximação de um homem. Então, Rosana pressentindo o assalto, saiu imediatamente do carro, para retirar nossa filha Aurora, que estava no banco de trás com a porta trancada por dentro. Depois de dar a volta e abrir a porta direita dianteira para acessar e destrancar a traseira, ignorando o assaltante que lhe apontava uma arma gritando pelas chaves do carro, retirou a Aurora. Foi quando sua mãe, vendo a situação, se interpôs entre a Rosana e o revólver e gritou "Não!". O rapaz, enfurecido, deu uma coronhada em sua cabeça com tanta força que ela rolou todo o declive de acesso à garagem. Então, o assaltante pegou a Aurora das mãos da mãe e, colocando um revólver de calibre 38 na cabeça dela, gritou para que Rosana entregasse as chaves ou ele atiraria. Minha esposa, temendo que ele puxasse o gatilho, pediu a ele que se acalmasse, em nome de Jesus, pois parecia estar drogado. Subitamente, o rapaz disse que iria atirar, mirou em Rosana, e disparou a cerca de um metro e meio de distância. Ela caiu para trás com a força do tiro à queima-roupa e, num impulso, levantou-se para pegar a Aurora, que já estava sendo amparada pela avó. Era uma noite muito fria, sem ninguém na rua, mas o som seco do tiro chamou a atenção de um vizinho no outro lado, que disse ter visto o ladrão ir embora caminhando. Também, os irmãos reunidos na célula, dentro da casa, correram para a janela para ver o que havia ocorrido. Sem perder a consciência e procurando manter a calma, Rosana clamou por ajuda a seu irmão Márcio e meu irmão Abner. O pedido dela foi inesquecível:

— Pessoal, tá tudo bem! Eu levei um tiro e preciso que alguém me leve para o pronto-socorro!

Eles, correndo escadaria da casa abaixo, a levaram para o Hospital de Pronto Socorro (HPS) de Porto Alegre com o nosso carro. O ladrão fugiu sem levar nada, mas deixou um rastro de dor e angústia.

Lembro-me de que quando meu sogro contou o relato da situação ao telefone, ele passou a ligação para a Aurora, que só me disse:

— Papai, a mamãe tá no hospital, numa caminha... — Ela havia visitado a Rosana, com muita relutância, pois teve medo de perdê-la, e agora já estava mais tranquila.

A bala atingiu o ombro esquerdo a cinco dedos do coração, quebrando o úmero pela força do impacto. Como a ponta do projétil estava cortada em forma de cruz, ao entrar no corpo, se partiu em quatro pedaços, que se espalharam pela região, alojando-se no ombro e nas costas, próximo ao pulmão. Rosana não morreu por muito pouco. E, também, não entrou em trabalho de parto, o que permitiu que a gestação continuasse, apesar de tudo. Para nós, que temos fé, as quatro vidas terem sido poupadas foi um milagre de Deus.

Porém, quando ouvi o relato do que acontecera, eu estava a 6396 km de distância. À medida que meu sogro contava, minhas pernas perdiam as forças, e tentava conter as lágrimas, que teimavam em cair sem controle. Parei de falar enquanto escrevia o número do telefone do hospital, ditado por Roberto. Estarrecido, despedi-me da família e tentei ligar para o hospital no Brasil, mas sem sucesso. Naquela noite, que foi a mais longa de minha vida, fui amparado por dois irmãos que estavam comigo, os pastores Vinci Barros e Dag Gabler, de Vitória, no Espírito Santo. A presença deles foi de grande importância naquele momento. Eles reforçaram a fé, a esperança e a paz, tão fundamentais nas horas incertas da vida. Quando notei, o dia já clareava. Havia chorado a noite toda, sem conseguir dormir. Pestanejava, mas a angústia me mantinha acordado, sobressaltado e chorando, mas ainda estava com Vinci ao meu lado, segurando minha mão. Na manhã seguinte, quando finalmente conseguimos ligar para o hospital, quem atendeu foi minha secretária, Silvana, que estava com Rosana no quarto. Ao ouvir a voz fraquinha de minha esposa, a angústia aumentou.

Porém, sem vacilar, ela repetiu o recado que tinha dado ao meu irmão, Abner, quando entrou na emergência do HPS, para que ele transmitisse a mim quando entrasse em contato:

— Aconteça o que acontecer, eu quero que saibas que tu estavas no lugar certo, na hora certa e fazendo a coisa certa! — disse referindo-se ao propósito de minha viagem. E acrescentou: — Termina o teu trabalho e volta pra casa!

A frase atingiu o alvo e reanimou o meu espírito, que estava absolutamente fragilizado e desmotivado. As acusações do diabo nessas horas são imensas. "Como podes estar fazendo a obra de Deus com tua família nesse estado?", soprava o inimigo. Porém, a Palavra me vinha a mente: "... todas as coisas cooperam para o bem daqueles que amam a Deus, daqueles que são chamados segundo o seu propósito" (Romanos 8:28). "Eu estou no controle", o Pai falava ao meu coração. E essas palavras me acompanhavam a cada instante, com uma pergunta de Deus: "Asaph, tu me amas?"

Tentei cancelar o restante da agenda em Cuba e conseguir um voo para voltar antes, mas não foi possível. Precisei esperar mais dois dias para sair da ilha. O amor e a oração de todos os grupos da cidade de Havana, com quem trabalhei, foram essenciais. Aqueles para quem ministrávamos me ampararam e abençoaram. Não sabiam o que fazer para diminuir a minha dor. Por sua vez, a bênção e a alegria com as gravações que tínhamos feito para a Igreja em Cuba sobrepunham-se à angústia e traziam alento a todos e a mim também. Assim, consegui terminar a agenda com todos os meus compromissos.

Na segunda-feira, enfim, voltei para casa. A longa espera no aeroporto de São Paulo foi atenuada pelo encontro com o querido amigo, pastor César Augusto Machado, de Goiânia, que trouxe um pouco mais de consolo ao meu retorno, orando comigo bem cedo de manhã. Quando cheguei a Porto Alegre, lá estava minha Rosana, na casa dos meus sogros, recém-chegada do hospital. Os olhos brilhando e, como sempre, um sorriso nos lábios. A barriga grande estava intacta, apesar da imobilização no braço e da recomendação de repouso absoluto para terminar a gestação.

O vídeo do querido irmão Don Moen, da Integrity Music, que nem imaginávamos que se tornaria nosso amigo pouco tempo depois disso, trouxe a riqueza da presença de Deus para o momento, enchendo o quarto de louvor e adoração. Choramos juntos, mas o consolo celeste estava lá. As incógnitas e as perguntas foram respondidas pela certeza de que tudo estava debaixo do controle e soberania de Deus.

Por fim, depois de quatro semanas do ocorrido, com Rosana em repouso quase absoluto, as dores de parto começaram exatamente na data em que a cesariana fora marcada. No dia 31 de julho de 1996, fomos para o hospital algumas horas mais cedo, pois a cesária precisou ser antecipada. Diferentemente da Aurora, que demorou para nascer em decorrência do parto normal com circular de cordão umbilical, André foi cuidadosamente retirado da barriga da mamãe, que estava impossibilitada de fazer força devido à fratura no braço. Só então, soubemos de outro milagre, pois desde a queda que Rosana sofrera quando levou o tiro, ela estava com descolamento prematuro da placenta, o que oferecia risco a gravidez, uma vez que poderia ter levado o bebê a óbito e

178 A HISTÓRIA POR TRÁS DA MÚSICA

ela poderia ter perdido o útero. Cremos que Deus permitiu que Rosana entrasse em trabalho de parto com 36 semanas, para que nosso filho André sobrevivesse, pois sua placenta estava preta quando ele nasceu. O médico comentou com seu assistente durante o parto que a criança não duraria mais um dia. Todo o repouso por causa do tiro e da dor do braço quebrado, sem possibilidade de uso de analgésicos para não prejudicar o bebê, foram fundamentais para que André pudesse nascer no tempo certo e com saúde. Nós não sabíamos, mas cremos que Deus conhecia todo o quadro e conduziu tudo a bom termo. Aleluia!

Quando Rosana veio para o quarto, e o bebê chegou, toda a família exultava de alegria. Aurora, que orava comigo todas as noites para ter um irmãozinho, estava esperando com as avós Dora e Dudu, com um ursinho branco (quase do tamanho dele!) de macacão azul florido e touquinha para lhe dar. Por um momento, ficou sentadinha na cama, contemplando a criança. Assim como nós, ela sabia, do seu jeito, que algo muito sério tinha acontecido, mas o seu irmão estava ali. Então, começou a chamar bem baixinho "Andlé! Andlé!", com o desejo de se comunicar com o irmãozinho tão esperado.

Três dias depois, voltamos para casa, onde os bisavós, Lauro e Jacy Blauth, aguardavam ansiosos a chegada do novo bisneto. Nos primeiros dias, uma de minhas muitas tarefas era segurar meu filho após as mamadas, para que ele desse o arrotinho, já que Rosana ainda se encontrava muito fraca. Uma dessas vezes, em que ele estava em meus braços, um cântico que falava do cuidado de Deus nasceu em meu coração. Ouvi a voz do Senhor dizer: "Assim como você segura seu filho nos braços, durante esse tempo, eu estou sustentando vocês em meus braços de amor." Tinha escrito um pequeno coro semanas antes, enquanto ensaiava com Samuel Oliveira, em Belo Horizonte. Então, esse pequeno coro e uma melodia tomaram forma naquele momento. Sem perder tempo, escrevi para Deus este cântico, inspirado em meu recém-chegado filho André:

Não há lugar melhor, com tamanha paz
Paz igual eu nunca encontrei jamais
É o lugar do meu prazer, onde todo medo se vai
É o lugar do meu descanso, os braços do meu Pai!

Os braços do meu Pai são os braços de Jesus
Quando foram estendidos, eu fui recebido lá na cruz, na cruz!
Nos braços do meu Pai! Nos braços do meu Pai!

Outrora eu era triste, sem lugar pra onde ir
Mas o Pai, com seus braços de amor, restaurou-me o sorrir
Deu-me parte em sua herança, vestimenta, vinho e pão
Porque tinha um lugar para mim no seu coração!

Durante aqueles primeiros meses de vida, André desenvolveu-se bem. A mãe amamentou-o mesmo com as limitações provocadas pelo tiro. Eu precisava pegá-lo durante a noite para alcançá-lo a Rosana e, depois, segurá-lo até adormecer, mas fazia isso dando graças ao Senhor. Minhas noites de sono demoraram a normalizar. Gradativamente, a vida foi entrando em uma rotina normal, até que aquele evento triste tornou-se apenas uma memória com cicatrizes, mas sem dor; só a profunda marca de um grande milagre.

No ano seguinte, quando estávamos gravando o disco *Família III – Laços de Amor*, levamos André e Aurora ao estúdio. Pela primeira vez, a Aurora cantou gravando conosco, enquanto André ria na frente do microfone. Ali celebrávamos o livramento e o cuidado que Deus nos dispensou. Celebrávamos a vida! Ficou tão lindo, que acabou entrando como última canção daquele projeto, que já incluía a primeira gravação dessa música, com um solo de minha irmã Carmélia. E assim, testemunhamos cantando como família que aquela parte da história de nossas vidas tinha terminado feliz, pois estávamos nos braços do Pai!

Também em 1997, a canção foi gravada no disco *Igreja Viva*, o primeiro dessa série da Life, que cantei com meu cunhado

180 A HISTÓRIA POR TRÁS DA MÚSICA

Everton Tonin. No ano 2000, eu a gravei ao vivo no projeto *Igreja Viva em Portugal*, da Life, com arranjos e direção musical de David Neutel, naquele país. Essa canção fez parte da seleção do CD *Jubileu – 25 Anos de Louvor & Adoração*, da Integrity Music, em 2001, com a participação de Daniel Souza. Em 2002, foi gravada pelo pastor Paulo Cesar Brito em seu CD/DVD *Abre o Coração*, no Rio de Janeiro. Gravei essa canção em Santiago, no Chile, em 2003, junto com uma seleção de cânticos de minha autoria, com versões em espanhol, no disco *Le Adoraremos hasta el Fin del Mundo*, da Vida Producciones Ltda. Ainda nesse ano, Joice Bernardo a gravou ao vivo no seu CD *Proclame a Glória*, em São Paulo. Essa música foi incluída, em 2006, no CD/DVD *30 Anos de Louvor e Adoração*, da Life, outra vez com a participação de Daniel Souza. Em 2015, ganhou outra versão em espanhol, por Mauricio Valdivia, no CD *Caerá – Atributos en Vivo*, em Rancagua, no Chile. E, em 2016, regravei essa canção no CD do livro *De um pai para seus filhos*, com meu amigo João Batista dos Santos, em uma versão de violão e voz.

Nos braços do meu Pai

- Ano: 1996
- Compositor: Asaph Borba
- Gravações: CD, K7 *Laços de Amor*; CD, K7 *Igreja Viva – Vol.1*; CD *Igreja Viva em Portugal*; CD *Jubileu – 25 Anos de Louvor & Adoração*; CD *Le Adoraremos hasta el Fin del Mundo* – Chile (versão em espanhol); CD/DVD *30 Anos de Louvor e Adoração*; CD *Caerá – Atributos en Vivo* – Chile (outra versão em espanhol); CD do livro *De um pai para seus filhos*

Superabundante graça

Eu não sabia, mas minha última participação em um encontro da VINDE seria em Foz do Iguaçu. Em 1996, novamente eu estava participando do Congresso VINDE Para Família e fui ao evento sem minha Rosana, que ficou com seus pais e nossos filhos. Acompanhou-me somente o tecladista, Samuel Oliveira, um querido músico que cresceu ao meu lado. Quando criança, ele tinha começado a tocar singelamente em nossa congregação, contudo, ao crescer desenvolveu um raro talento musical. E, mesmo sendo mais jovem do que eu, Sami tornou-se um amigo, sempre me acompanhando com dedicação e fidelidade. Ministrar ao seu lado era, e ainda é, um prazer! Pela amizade de muitos anos com seus pais, Abraão e Suely Oliveira, Samuel me foi confiado como um verdadeiro discípulo, alguém de quem eu cuidei com muito zelo e amor pelo tempo em que viajou comigo Brasil afora.

Em um dos intervalos do congresso em Foz, Sami e eu fomos até as Cataratas do Iguaçu. Mesmo já conhecendo, o lugar é sempre digno de ser visitado, pois a visão é de tirar o fôlego. Centenas de cachoeiras grandes e pequenas inundam a área de vida e beleza, e o som das águas se pode ouvir de longe.

182 A HISTÓRIA POR TRÁS DA MÚSICA

O dia estava chuvoso. Ao chegar, colocamos capas amarelas e andamos pelo estreito caminho, construído de modo que os visitantes consigam ficar bem de frente à potente queda principal, onde o rio Iguaçu despeja toda a sua força sobre um lindo vale. Estávamos na estação das chuvas e as cataratas costumam dobrar de volume nessa época.

A experiência é arrebatadora. Já estive nas Cataratas do Niágara, entre Canadá e Estados Unidos. Embora também sejam muito belas, não se comparam às do Iguaçu, na divisa de Brasil e Argentina, a poucos quilômetros do Paraguai.

Ao parar diante daquela grandiosidade, tive uma inspiração e, por que não dizer, uma revelação. Pela manhã, a palavra do encontro tinha sido sobre o derramar da graça de Deus. Então, ao ver a queda d'água, falei:

— Isso é graça, uma graça superabundante!

Sim, há milhares de anos essas cataratas jorram sem parar, inesgotavelmente, dia e noite. E os pássaros e os animais, também os homens, bebem dessa água que é incessante. Foi assim que nasceu a canção. Ali mesmo, cantei:

— Graça, graça, superabundante graça!

No hotel, escrevi as estrofes e, antes da reunião, toquei rapidamente com o Samuel a canção das cataratas.

Somos filhos da graça divina e sem par
Frutos do amor, que nos veio alcançar
Graça que livra da morte e pecado
Por ela nós somos reconciliados,
Por ela nós somos reconciliados!

Graça, graça!
Superabundante graça!
Superabundante graça!

Somos filhos da graça de Cristo Jesus
Tirados das trevas pro reino da luz

Assim somos santos, justificados
E um dia seremos glorificados,
E um dia seremos glorificados!

O cântico, como muitos, ficou guardado mais de um ano, praticamente esquecido. Certo dia, porém, durante um encontro em Maringá, no Paraná, o Espírito Santo me trouxe o refrão à mente. No hotel, peguei o computador e encontrei a letra. Naquele mesmo dia, ensaiei com a banda e cantamos à noite, e foi uma festa! Sami e eu recordamos com alegria o momento que inspirou a canção, que nunca mais saiu de nosso repertório.

Os congressos da VINDE deixaram saudades! Deus abençoe Caio Fábio, Josué Rodrigues, João Bezerra, entre tantos outros líderes, com os quais interagi por quase dez anos. As marcas de Deus, deixadas por esses irmãos, nunca se apagarão!

A primeira gravação de *Superabundante graça* foi ao vivo no disco *Igreja Viva – Vol.1*, da Life, em 1997, quando a cantei com meu cunhado Everton Tonin. Em 1998, eu a gravei em Buenos Aires, Argentina, junto a uma seleção de canções de minha autoria, com versões em espanhol, no disco *Iglesia Viva en Adoración*, da Life. No ano 2000, também gravei ao vivo essa música no projeto *Igreja Viva em Portugal*, da Life, com arranjos e direção musical de David Neutel, naquele país. A canção foi incluída, em 2001, na coletânea do *Jubileu – 25 Anos de Louvor & Adoração*, da Integrity Music. Em 2006, fez parte do repertório do CD/DVD *30 Anos de Louvor e Adoração*, da Life, com solo de meu amigo Gerson Ortega. Ainda nesse ano, a canção foi gravada por Fernandinho em seu CD *Geração de Samuel – Fernandinho para menores*; e incluída na *Seleção de Ouro Asaph Borba*, da Line Records. Gravamos este cântico juntos, Rosana e eu, com Juliano Modolo em seu CD *Tudo a Ti*, em 2014. E em 2017, com um ritmo brasileiro, fez parte do DVD *O Meu Louvor*, de Atilano Muradas; e, também, do CD *CONPLEI JOVEM*, em apoio aos projetos da Igreja Evangélica Indígena no Brasil, como uma parceria da Life.

Superabundante graça

- Ano: 1996
- Compositor: Asaph Borba
- Gravações: CD, K7 *Igreja Viva – Vol.1*; CD, K7 *Iglesia Viva en Adoración* – Argentina (versão em espanhol); CD *Igreja Viva em Portugal*; CD *Jubileu – 25 Anos de Louvor & Adoração*; CD/DVD *30 Anos de Louvor e Adoração*; CD *CONPLEI JOVEM*

Você é importante pra Deus
(Sua vida é pra Deus)

Desde minha primeira viagem aos Estados Unidos, em 1977, quando Don Stoll e eu gravamos o disco *Celebraremos com Júbilo*, presenciei o início da imigração brasileira, formando-se de maneira ainda tímida naquele país. Na época, encontramos o pastor Joel Ferreira em Fall River, Massachusetts, onde ele dava os passos iniciais na criação de uma das primeiras congregações formada por brasileiros nas terras do Tio Sam.

Quase quinze anos depois, passei a conviver com esse mesmo segmento, já muito mais numeroso, quando fui convidado, em 1991, a participar de um evento promovido pelo conselho de pastores brasileiros na região norte da Costa Leste dos Estados Unidos, o Congresso da Juventude Batista da Nova Inglaterra (CONJUBANI), liderado pelo jovem Rivadávia Fernandes. No ano seguinte, voltei para o 2º CONJUBANI, onde gravamos, durante o encontro, o disco *Adoração & Louvor ao Vivo*. E em 1993, no 3º CONJUBANI, retornei para ministrar e fazer o lançamento do disco.

Durante os cinco anos seguintes, continuei indo aos encontros que eram realizados no lindo acampamento e centro de conferências chamado Grotonwood Christian Camp, em Groton, Massachusetts, e pude ver de perto a realidade dos brasileiros que por lá chegavam aos milhares. Todos tinham uma característica em comum: buscar no êxodo uma vida melhor para si e para suas famílias. A maior parte deles, vítima do desemprego, da falta de oportunidade e da insegurança em sua terra natal, optava por imigrar.

Nas viagens, por ocasião dos congressos, comecei a conviver mais com um pequeno grupo de brasileiros daquela região, que se tornaram amigos bem próximos, formado por músicos cristãos e pastores, como os irmãos Marco e Maurício Romeiro; os casais Reginaldo e Renata Parron, Marcos e Cláudia Souza, Eduardo e Simônia Alves, entre outros. Gente que buscava uma vida séria com Deus, mesmo diante dos desafios trazidos a quem emigra para uma terra distante, estranha e fria.

Com a interação maior com os imigrantes brasileiros naquela época, pude notar outra característica de quem passa por uma transição desse porte: o problema da desvalia, isto é, a falta ou perda do valor. A gradativa desvalorização de sua terra natal e a consequente baixa autoestima por causa de sua origem, levava a uma busca, muitas vezes descontrolada, de compensar isso trabalhando muito para adquirir bens materiais e resgatar seu valor. Alguns chegavam a adquirir coisas que não conseguiam pagar, pela facilidade de obtenção de crédito nos Estados Unidos, fazendo dívidas na busca de aceitação e de "serem alguém".

Outros deixavam situações mal resolvidas para trás, e até casamentos, no Brasil e tentavam começar uma vida nova, quase sempre em condições precárias. E, ainda, muitos não tinham documentos, ou seja, eram ilegais no país, por isso sofriam todo tipo de discriminação e de privações, além de muitas vezes serem explorados por seus empregadores. Nessa condição, é comum que alguns sucumbam aos vícios e à prostituição ou se envolvam em todo tipo de confusão e de ilegalidades para tentar mudar sua situação.

Entretanto, o 6º CONJUBANI em outubro de 1996, se tornaria um referencial de resgate, principalmente no que diz respeito ao valor de cada pessoa. Para esse congresso foram comigo Jan Gottfridsson, que também ministraria a Palavra, e Susie Ungaretti, minha gerente na Life, que me assessoraria com meus materiais e com o lançamento de meu novo disco, gravado pela Integrity Music naquele ano, *Rio de Vida*, sob o selo Hosanna! Music.

Todos que chegavam para o congresso sentiam-se amados e acolhidos. Jan pregou sobre o propósito eterno de Deus para nós e, por certo, mudou o rumo de muitos que ali se encontravam. Todas as ministrações conduziam ao mover profético de reconstrução das vidas e de edificação de um trono de louvor a Deus, trazendo a revelação do valor de cada pessoa. E a canção a seguir, comecei a escrever assim que cheguei, ao passar o som para a reunião:

> *Sua vida é pra Deus*
> *Mais importante que tudo*
> *Por você, Deus muda o céu*
> *E até mesmo para o mundo*
> *Você é importante pra Deus!*
>
> *Não há nada mais precioso*
> *Que mereça mais amor*
> *Do que a sua e a minha vida*
> *Que em Jesus ganhou valor*
> *Em Jesus ganhou valor*
> *Em Jesus, real valor*
> *Você é importante pra Deus!*
>
> *Por amor a nós, Deus enviou seu filho amado*
> *Por isso todo aquele que nele crê já está justificado!*

188 A HISTÓRIA POR TRÁS DA MÚSICA

Por amor a nós, Deus enviou seu filho amado
Por isso todo aquele que nele crê já está justificado!

A canção foi composta e ensinada naquele congresso, estando presente em meu repertório principal por muitos anos. Quanto mais a cantava, mais entendia que o valor de uma pessoa não está no que ela faz ou nas coisas que tem, tampouco pode ser diminuído por seus erros e falhas, ou por sua origem. Os participantes daquele congresso compreenderam que Cristo provou o valor que temos resgatando cada um de nós na cruz.

Quando alguém passa a viver sob os princípios de Deus, descobre que é isso o que realmente enriquece o espírito humano. A revelação de que somos preciosos e aceitos por Deus é o nosso maior tesouro. Isso nos faz buscar o que tem valor eterno, como declara 1Pedro 3:3,4:

> Não seja o adorno da esposa o que é exterior, como frisado de cabelos, adereços de ouro, aparato de vestuário; seja, porém, o homem interior do coração, unido ao incorruptível trajo de um espírito manso e tranquilo, que é de grande valor diante de Deus.

De toda aquela linda turma com quem convivi por quase dez anos, mantenho contato ainda com poucos. Entre eles estão: a família Parron, hoje em Greenwich, Connecticut; a família Alves, atualmente em Miami, Flórida; os pastores Renato Bernardes, da Comunidade Cristã Presbiteriana de Newark, New Jersey, e Leidmar Cesar Lopes, hoje da Comunidade Nova Aliança de Coral Springs, Flórida. Lembro-me com carinho de muitos outros irmãos e amigos que marcaram minha vida naquele tempo nos Estados Unidos. *Você é importante pra Deus* foi gravada, pela primeira vez, em nosso disco ao vivo *Igreja Viva – Vol.1*, em 1997. No ano 2000, também gravei ao vivo essa canção no projeto *Igreja Viva em Portugal*, da Life, com arranjos e direção musical de David Neutel, naquele país. Em 2003, a música também fez parte do terceiro trabalho infantil que Rosana e eu produzimos, *Life Kid's 3 – Cantando os Princípios de Deus*. A Banda Graça, em 2012, incluiu a canção no seu CD/DVD *Multiformas – Do Velho ao Novo*, sua primeira produção.

Você é importante pra Deus
(Sua vida é pra Deus)

- Ano: 1996
- Compositor: Asaph Borba
- Gravações: CD, K7 *Igreja Viva – Vol.1*; CD *Igreja Viva em Portugal*; CD *Life Kid's 3 – Cantando os Princípios de Deus*

Eu e a minha casa

O período entre o fim da gestação de nosso filho André e seu primeiro ano de vida foi, sem sombra de dúvida, uma das épocas mais difíceis de nossa vida em família. Após seu nascimento, Rosana ainda estava extremamente debilitada por causa do tiro que levou na tentativa de assalto que sofrera. Nesse tempo, estávamos morando em um anexo de três cômodos na casa de meus sogros, lugar onde atualmente é o estúdio da Life, e tínhamos metade de nossas coisas guardadas em caixas ou depósitos. Isso, porque saímos do prédio familiar da avenida Soledade e o apartamento novo, que compráramos, ainda não estava pronto para podermos nos mudar. Então, aquele espaço nos fora cedido pela tia-avó da Rosana, a amada tia Sissy.

Diariamente, enquanto minha sogra auxiliava minha esposa no cuidado matutino do bebê, nossa querida ajudante, dona Suely, e eu zelávamos por Aurora. Porém, no final da tarde, depois que nossa auxiliar saía e nossa menina voltava da escola, eu tomava conta dos dois filhos para que Rosana pudesse descansar. Quase sempre, ia com os dois a um espaçoso escritório na casa de minha sogra, no qual ficava um piano. A alegria de ver meu menino cheio de vida era indescritível. Os olhos castanho-escuros, bem abertos, já denotavam atenção; e, quando eu tocava o violão ou o piano, seus ouvidos mostravam algum tipo de interesse. Aurora, sempre radiante com a chegada do irmão, procurava interagir com ele. Era a maior festa quando eu a deixava segurá-lo por alguns instantes. Sempre sorrindo e cheia de amor, ela dizia:

— Meu maninho *Andlé*!

Foram muitos os finais de tarde, no decorrer dos meses, em que aquela rotina de tempo com meus filhos aconteceu. Porém, lembro-me de uma delas em particular, em que a presença do Senhor inundou o lugar. Para mim, a composição sempre foi o equilíbrio entre talento e inspiração, e, nesse dia específico, o segundo ingrediente estava abundante. O texto de Josué 24:15, que afirma: "... Eu e a minha casa serviremos ao SENHOR", veio com força ao meu coração. Mesmo em meio às lutas, minha família e eu decidimos viver para servir a Deus; um compromisso vívido para o qual temos nos dedicado vida afora. Com essa certeza, comecei a cantar para meus filhos uma melodia que brotou em meus lábios. A alegria de ser pai é indizível, pois a paternidade nos faz sentir mais próximos da natureza divina de nosso Pai eterno. Assim, cantei:

> *Eu e a minha casa serviremos ao Senhor*
> *Em qualquer situação, na alegria ou na dor*
> *Eu e a minha casa serviremos ao Senhor*
> *Não por obrigação, mas por amor!*

> *Quando eu decidi, um dia, tudo entregar*
> *Nas mãos do meu amado Pai*
> *Eu sabia que haveria momentos difíceis*
> *Em que eu teria que proclamar:*

> *Que eu e a minha casa serviremos ao Senhor*
> *Em qualquer situação, na alegria ou na dor*
> *Eu e a minha casa serviremos ao Senhor*
> *Não por obrigação, mas por amor!*

192   A HISTÓRIA POR TRÁS DA MÚSICA

Vou ensinar meus filhos desde a mais tenra idade
Que, sem Deus e sua Palavra, não há felicidade
E que vale mais viver a vida ao pé da cruz
Sim, vale a pena a vida com Jesus!

Na sequência desse momento de inspiração, decidi produzir um disco inteiro que versava sobre a alegria da paternidade e da família. Nos dias posteriores, compus várias canções sobre o tema, o que também serviu de inspiração aos irmãos que trabalhavam comigo. Eles enriqueceram com músicas congêneres o projeto, que se chamou *Família III – Laços de Amor*, lançado em 1997. Mesmo que tenha sido uma das épocas mais duras de nossa vida, tornou-se uma das mais frutíferas no ministério. Nunca compus tantas músicas ou produzi tamanha quantidade de discos como nos anos que se seguiram.

Cerca de vinte anos depois, quando já escrevia este livro, visitei o Egito, e um técnico em perfumes, no Cairo, ensinou-me:

— Para extrair a essência de uma planta, ela precisa ser bem esmagada e, depois, ainda tem que ser fervida.

Foi assim que Deus fez em nossa casa. O ano de 1996 foi de muitas lutas, as quais geraram muitas inspirações, canções e produções. Nada barrou o que Deus vinha fazendo em nossas vidas e o Senhor Jesus foi glorificado!

Em 2016, regravei essa canção no CD do livro *De um pai para seus filhos*, com meu amigo João Batista dos Santos, em uma versão de violão e voz.

Eu e a minha casa

- Ano: 1996
- Compositor: Asaph Borba
- Gravações: CD, K7 *Laços de Amor*; CD *Família de Deus;* CD do livro *De um pai para seus filhos*

Há muito mais

Era outubro e eu estava em um grande galpão em Buenos Aires, Argentina, e o local, bem preparado, já se encontrava lotado para o início de mais um dos encontros de renovação promovidos pela Comunidad Cristiana de Buenos Aires. O congresso acontecia todos os anos, e Rosana e eu já havíamos participado em anos anteriores. Nessa edição, eu tinha algo a mais para celebrar com os irmãos, pois seria o lançamento de nosso primeiro disco da Life com versões de nossas músicas em espanhol, *Iglesia Viva em Adoración*. O projeto havia sido gravado por nós ao vivo em maio de 1998, alguns meses antes desse evento, no salão de reuniões da Comunidad Cristiana de Buenos Aires, na zona de Condarco, acompanhados do músico e pastor Tato Himitian e dos músicos e ministros de louvor desse ministério argentino.

A expectativa de todos era grande, pois o encontro envolvia diferentes congregações da região metropolitana da capital portenha. Além disso, na abertura, o preletor seria nosso querido amigo brasileiro, o pastor Caio Fábio, que naquela época já era muito conhecido em nosso país e também no exterior.

Poucas horas antes do evento, entretanto, o pastor Jorge Himitian, um dos líderes, chegou perplexo e segurando um fax enviado por Caio, no qual ele declarava, com pesar, que não poderia comparecer.

Dilemas pessoais o estavam afastando, temporariamente, não só desse congresso, mas de outras áreas de seu amplo ministério. O público ficou surpreso. Então, depois de orarmos pelo irmão ausente, demos continuidade e abrimos a celebração.

Substituir Caio não era uma tarefa fácil. Lembro-me de certa vez, em Campina Grande, Paraíba, em que precisei fazê-lo, pois o avião que trazia nosso ilustre convidado não conseguiu pousar. Porém, na noite em Buenos Aires, a função não recaiu sobre mim, para meu alívio! Um pastor chamado Jorge Pradas, já de avançada idade, foi o escolhido.

Sem dúvida, para mim aquela noite tornou-se de preocupação e tristeza, pois tinha uma grande amizade com o Caio e não imaginava o que estava acontecendo. Contudo, no decorrer da reunião, passei a entender que Deus estava no controle, em especial quando o pastor Pradas começou a falar. A pregação dele me impactou profundamente. Sua experiência era de quem já havia passado por tudo na vida e visto muita coisa. Porém, Deus ainda lhe dizia que existe muito mais a ser feito para que o mundo seja alcançado pelas boas-novas do Evangelho. Enquanto, por um lado, eu tinha visto o amigo Caio precisar de um tempo para si, por outro, eu podia ouvir aquele querido ancião olhando adiante em sua vida e em seu ministério, declarando a plenos pulmões:

— Há muito mais, irmãos! Muito ainda a fazer e viver para Cristo.

Justamente com respeito ao ministério para o qual Deus me chamou, eu tinha algumas vezes questionamentos sobre se já havia feito o suficiente, ou se estava na hora de parar para servi-lo de outra forma. Porém dessa vez, o Senhor respondeu no meu coração com este cântico, inspirado naquela pregação e na vida de serviço incondicional a Deus de meus pastores Erasmo Ungaretti e Moysés Moraes. Ali mesmo comecei e terminei de escrever esta letra, que musiquei com uma melodia vibrante poucos dias depois, no meu escritório em Porto Alegre:

Quando eu penso que já passei por tudo
Quando eu penso que eu já fiz de tudo
O Senhor me diz que ainda há muito mais!
Quando eu olho pra trás e não posso ver
O início da estrada que estou a correr
O Senhor me diz: "Pra frente há muito mais!"

Há muito mais, com Deus há muito mais!
Há muito mais pra viver, há muito mais!
Pois a minha porção é transbordante
Sua vida em mim é abundante
Em Cristo sempre há muito, muito mais!

Quando, às vezes, os meus pés se cansam
O coração vacila e as mãos não alcançam
O Espírito Santo me diz que há muito mais!
Quando o que eu espero parece impossível
Mas por fé posso ver o invisível
A Palavra de Deus me diz que há muito mais!

/Minha vida está escondida no Senhor
E com ele eu sou mais que vencedor/
Eu corro a carreira, sempre adiante
Seu cuidado comigo é constante
Eu sei que há muito, muito, muito mais!

Mesmo não se tratando de um cântico tão popular na história de nosso ministério, optei por incluí-lo neste livro por sua significância profética, versando sobre continuidade.

Quando se anda com Deus, a vida é para frente, olhando adiante. Às vezes, mais rápida, outras, mais lenta; porém, com Deus há sempre muito mais. Com frequência recordo essa letra, pois ela revela aquilo em que todo discípulo de Cristo deve crer: "Mas a vereda dos justos é como a luz da aurora, que vai brilhando mais e mais até ser dia perfeito" (Provérbios 4:18).

Temos que aprender a viver de fé em fé e de glória em glória na direção da vida abundante, preparada de antemão por Deus para nós. Sim, com Deus há muito, muito mais. Aleluia!

Em 2002, gravei a canção no disco *A Cada Manhã*, da Life. E, em 2011, essa música fez parte da seleção do CD/DVD *Rastros de Amor – 35 Anos de Ministério*, da Som Livre.

Há muito mais

- Ano: 1998
- Compositor: Asaph Borba
- Gravações: CD *A Cada Manhã*; CD/DVD *Rastros de Amor*

Ano do jubileu
(Este é o ano do jubileu)

No fim de 1999, meu amigo Don Stoll veio a Porto Alegre para gravar seu projeto de músicas em inglês, *Beyond our Dreams*, e ficou conosco quase duas semanas. Sua presença como sempre enriqueceu o ambiente. O espírito manso e a palavra sábia emitida na hora certa tornam o convívio com esse irmão um fluir constante das coisas de Deus, e hospedá-lo durante aquelas semanas foi muito edificante. Passávamos quase todo o tempo gravando em nosso novo estúdio, na época localizado na nova sede da igreja, no tranquilo bairro Partenon, nas cercanias do centro da cidade.

Em um dos sábados, Don e eu demos uma parada nas gravações e fomos a um retiro de um dia só, na chácara de nossa comunidade, ocasião na qual um assunto muito importante seria tratado: libertação. O entendimento de nossos pastores é que todo cristão precisa ser liberto de coisas profundas que deixaram marcas e ainda remetem ao passado, prejudicando o presente. Acidentes, abusos, perdas e maus-tratos geram danos, assim como o uso de drogas e outras dependências, vícios, imoralidade e maldades em geral, o que precisa ser reconhecido e rompido com a ajuda do Espírito Santo, promovendo, assim, uma vida sadia e liberta, com boa consciência.

Depois de uma manhã abençoada e um bom tempo de oração, um dos pastores, João Nelson Otto, começou a ensinar sobre o ano do jubileu, época representada pelo último ano de um período de cinquenta anos no calendário judaico, implantado por Deus ao seu povo com base na Lei de Moisés. Era um ano marcado pela expectativa de mudanças e pelo júbilo, quando os escravos seriam libertos, as dívidas seriam quitadas e a herança de todos seria restaurada. Essa data tão significativa marcava, também, uma oportunidade de recomeço a toda a terra de Israel, como afirma Moisés em Levítico 25:10: "Santificareis o ano quinquagésimo e proclamareis liberdade na terra a todos os seus moradores; ano de jubileu vos será, e tornareis, cada um à sua possessão, e cada um à sua família."

Após a explanação, João fez um paralelo, aplicando o jubileu à vida de cada um, nos dias atuais. Não deu outra! Enquanto ele proclamava que seria naquela tarde o jubileu de libertação para muitos ali presentes, fui escrevendo os principais pontos. Então, a linha melódica começou a surgir em minha mente. A singela poesia foi anexada a uma melodia simples, com base nos tópicos ensinados, e o cântico nasceu.

> *Este é o ano do jubileu*
> *É o tempo da restauração*
> *Que nos foi dada por nosso Deus*
> *Quão grande é a nossa salvação!*
>
> *A condenação foi rasgada*
> *E a dívida terminou*
> *A herança restaurada*
> *Pois o jugo se quebrou*
> *O Espírito enviado*
> *E a graça transbordou*

Nossas vidas restauradas
Assim Deus nos libertou!

Ao compor, fui lembrando muitas coisas das quais Deus me libertou e ainda liberta. Meus anos de trevas e rebelião, quando adolescente e jovem, vieram à mente. Naquele mesmo dia, pude averiguar que algumas mágoas ainda estavam lá, mas o Pai as retirou de meu coração, libertando-me para sempre. Ali, no retiro, ensinei a canção ao Donald. E, junto com os irmãos, cantamos a realidade da libertação que estávamos vivenciando. A melodia alegre, em ritmo judaico, deu identidade à poesia.

Desde o primeiro disco, esse foi um estilo que nunca se afastou de nossa maneira de compor. Como já mencionei, tanto Don como eu, gostamos da música com raiz na cultura hebraica, capaz de unir melancolia e alegria. Os tons menores, quando acompanhados dessa matriz, são sempre lindos.

Anos mais tarde, Don traduziu a música para o inglês, e nós a ensinamos para sua comunidade cristã na cidade de Bettendorf, Iowa, nos Estados Unidos. Ainda, pude usar essa tradução em outras partes do mundo, sempre com a mesma alegria e celebração.

Em sua primeira gravação, a canção foi uma das músicas que formaram o repertório de nosso disco *Geração de Adoradores*, da Life, no ano 2000. Em 2002, foi incluída em nosso último trabalho de gravação para a Associação de Homens de Negócio do Evangelho Pleno (ADHONEP), *Louvores da ADHONEP – Vol.8*, na comemoração dos 50 anos dessa organização. *Ano do jubileu* fez parte da seleção do CD/DVD *30 Anos de Louvor e Adoração*, da Life, gravado em 2006, na cidade de Campos dos Goytacazes, no Rio de Janeiro, e foi produzido o projeto e interpretada a canção por meu irmão e amigo Fernandinho. Ainda nesse ano, fez parte da *Seleção de Ouro Asaph Borba*, da Line Records. Em 2007, foi gravada ao vivo na Igreja Videira, em Goiânia, pela Life, no CD *Adoradores*, quando novamente a cantei com Fernandinho.

Ano do jubileu (Este é o ano do jubileu)

- Ano: 1999
- Compositor: Asaph Borba
- Gravações: CD *Geração de Adoradores*; CD *Louvores da ADHONEP – Vol.8*; CD/DVD *30 Anos de Louvor e Adoração*; CD *Adoradores*

Deus é fiel

A pesar dos percalços que marcaram o início da chegada do André e da caminhada desafiadora com nossos filhos, os anos seguintes foram tempos de muito crescimento e fortalecimento de nossa fé. Aurora, já com nove anos e um diagnóstico de síndrome de Prader-Willi, levava-nos a confiar mais e mais no Senhor, a cada dia, para suprirmos suas necessidades. Lutávamos com pouca informação específica sobre como desenvolver nossa filha, que naquela época cursava a terceira série do Ensino Fundamental em regime de inclusão na Escola Cristã da Brasa, em Porto Alegre. Nesse período, suas deficiências e dificuldades tornaram-se bem mais visíveis. Buscávamos por meio da internet e da ajuda de profissionais da saúde e educação, como neurologista, endocrinologista, otorrinolaringologista, oftalmologista, dentista, fonoaudióloga, nutricionista, psicopedagoga e professores, dar todo o suporte para o seu desenvolvimento físico e mental. E o nosso amado Deus nos provia financeiramente para tudo isso. Por sua vez, André crescia naturalmente. Era inteligente e muito perspicaz. Adaptou-se rapidamente à pré-escola e, com apenas quatro anos, começou seu aprendizado musical ao violino.

202 A HISTÓRIA POR TRÁS DA MÚSICA

Mesmo com dois filhos tão diferentes, sempre evitamos compará-los, buscando valorizar as conquistas de cada um segundo suas capacidades individuais. André convivia normalmente com a irmã, sem dificuldades, pois como a diferença de idade era de quase seis anos, Aurora pôde lhe ensinar muitas coisas em sua primeira infância, e o fazia com muito carinho. Claro que essa interação era mediada, mas havia um bom e alegre convívio entre eles. Também, à medida que foi crescendo e percebendo as dificuldades de entendimento e aprendizagem dela, André pôde ser um estímulo para o seu desenvolvimento, levando-a a desafiar suas limitações. Acima de tudo, o amor entre eles sempre foi intenso, um cuidando do outro, pois ensinamos desde cedo a reconhecerem o valor de cada um para nós e principalmente para Deus.

Já nós, como pais, aceitamos o grande desafio de desenvolver nossa menina. Rosana sempre foi incansável na busca pelos melhores médicos e especialistas e por escolas que pudessem auxiliar da melhor maneira no regime de inclusão, contudo o trabalho não era fácil, nem simples. Naquela época, o desconhecimento geral dessa síndrome, assim como as poucas opções de centros educacionais e de atendimento especializado, gerava incertezas quanto às possibilidades de desenvolvimento da Aurora. À medida que ela crescia, o assunto tomava vulto dentro de mim, pois apesar de viajar constantemente, não lidando diretamente com os profissionais, estava sempre a par de tudo por meio da Rosana. Sabia que minha esposa era zelosa e guerreira, mas meu coração sempre se afligia pela falta de diretrizes práticas de como lidar com as várias demandas decorrentes do quadro e também com relação ao futuro de nossa filha.

No ano 2000, fui ao Rio de Janeiro para participar do VII Encontro Nacional de Avivamento (ENAVI), promovido pela Igreja Metodista no ginásio do Maracanãzinho de 7 a 9 de setembro, e ainda, no domingo dia 10, ministrei na Igreja Congregacional do centro fluminense, cujo pastor, Paulo Leite, hospedou-me.

Eu teria que acordar cedo para pegar o voo de volta a Porto Alegre, mas não conseguia dormir. Rolava de um lado para outro, pensando em Aurora, Rosana e André. Lembrava-me de uma experiência escolar frustrada no início de 1999, quando minha filha não foi bem atendida em suas necessidades, apesar das muitas promessas de que iriam fazê-lo, e precisamos retirá-la subitamente daquele colégio; e, também, que agora ela estava há dois anos como primeira criança em inclusão na Escola Cristã da Brasa. Questionamentos me vinham a cabeça: "Será que ela daria conta? Mesmo com toda a disposição em abraçar o projeto, será que a escola obteria êxito em desenvolver nossa menina?" Tudo com Aurora eram incógnitas. Porém, o que mais martelava em minha mente era: "Como seria o futuro?"

Vinha-me à memória o tiro que Rosana levara na tentativa de assalto e seus desdobramentos. Deus nos havia poupado do pior, minha família se salvara daquela investida contra nós, mas como eu poderia cuidar melhor dos meus queridos para que coisas assim não tornassem a acontecer quando estivesse longe ministrando? Tudo isso me roubava a paz e o sono.

Foi quando, em meio aos roncos dos meninos que dividiam o quarto comigo, comecei a ouvir o céu cantando: "Deus é fiel, é fiel! Acima de todas as coisas eu sei, eu sei que meu Deus é fiel!" A melodia foi crescendo em meu coração, e, ali mesmo na cama, comecei a cantar baixinho. Precisava urgentemente de um gravador, mas não tinha. O celular, na época, só servia para ligações. Então, lembrei que a secretária eletrônica do escritório da Life, nossa gravadora em Porto Alegre, poderia armazenar a canção. Debaixo das cobertas, liguei e gravei a melodia. Mal terminei, e o restante da poesia começou a ser ditado ao meu coração. Levantei, corri para a sala e achei um lápis, mas não havia papel onde anotar, a não ser uma antiga conta de luz amassada sobre a mesa. Sem hesitar, escrevi nela mesmo a resposta de Deus a minhas indagações e inseguranças.

Deus é fiel, é fiel!
Acima de todas as coisas, eu sei
Eu sei que meu Deus é fiel!

Em meio aos muitos problemas
Em meio às lutas sem fim
Por entre os muitos dilemas
Que se apresentam pra mim

Às vezes, eu posso passar
Uma noite inteira a chorar
Mas sei que meu Deus
Logo pela manhã
Fará novamente o sol brilhar!

E encherá de alegria os meus lábios
E o meu coração de louvor
Assim vou descansar
Sim, eu vou confiar
No seu grande e imenso amor!

No dia seguinte, em Porto Alegre, quando cheguei ao escritório, já não me lembrava mais da música. Corri até a secretária eletrônica, mas, para minha tristeza e desalento, a melodia tinha sido apagada pela Susie, minha gerente, que justificou rapidamente:

— Era uma voz cavernosa. Parecia um trote!

Sentei, então, ao piano com a cópia da letra e, para minha alegria, fui naturalmente recordando a melodia. E foi assim que nasceu essa canção que traz a marca da fidelidade de Deus, assim como expressa na declaração de Moisés em Deuteronômio 32:4: "... Deus é fidelidade, e não há nele injustiça".

Esse cântico é um dos que mais tem rendido testemunhos entre as minhas composições. De Porto Alegre, lembro quando a pequena Gabriela Reis nasceu com apenas 23 semanas de gestação. Dentro da incubadora ela ouvia, de forma ininterrupta, o CD que preparei para sua mãe, Aisha, somente com essa música. Milagrosamente, a pequenina saiu do hospital 130 dias depois, cheia de vida! De Israel, tomei conhecimento da história de um menino com poucos meses de idade que precisou passar por um transplante de fígado, e a música foi usada por seus pais durante todo o tempo de recuperação. De Palmas, no Tocantins, soube de uma senhora, que ao passar por um assalto, fugiu de carro sendo perseguida e acabou se acidentando, ficando à deriva, abandonada e ferida. O carro destroçado permaneceu com o som ligado e travou o CD tocando somente essa canção naquela noite inteira. O cântico foi ministrando fé ao coração dela e a manteve viva até o dia seguinte pela manhã, quando enfim foi achada e socorrida! E essas são só algumas das histórias, contadas após a gravação e a difusão de *Deus é fiel*. Se transcrevêssemos todos os testemunhos que já ouvimos relativos apenas a esta canção, é possível que teríamos outro livro. Aleluia! Glória a Deus! Ele é verdadeiramente fiel!

A canção foi gravada pela primeira vez no disco *Erguei os Vossos Olhos*, em 2001, pela Life. Em 2002, tive o prazer de gravar ao vivo, com o pastor Paulo Cesar Brito, o CD *Maranata em Adoração*, na Igreja Missionária Evangélica Maranata, no Rio de Janeiro, em que esta canção fez parte do repertório. Em 2003, foi incluída no quinto disco instrumental da Life, e o intitulou *Deus é Fiel*. Nesse mesmo ano, eu a gravei em Santiago, no Chile, junto a uma seleção de canções de minha autoria, com versões em espanhol, no disco *Le Adoraremos hasta el Fin del Mundo*, da Vida Producciones Ltda. Essa canção foi gravada por Paulo Gomes, em 2004, em seu CD *Faça Por Mim*. Em 2006, fez parte do repertório do CD/DVD *30 Anos de Louvor e Adoração*, da Life, no qual cantamos juntos, Rosana e eu. Também nesse ano, foi incluída na *Seleção de Ouro Asaph Borba*, da Line Records. Em 2011, foi gravada no CD/DVD *Rastros de Amor – 35 Anos de Ministério*, da

206 A HISTÓRIA POR TRÁS DA MÚSICA

Som Livre, quando a cantei com Sóstenes Mendes. Em 2017, fez parte do CD *CONPLEI JOVEM*, em apoio aos projetos da Igreja Evangélica Indígena no Brasil, como uma parceria da Life.

Deus é fiel

- Ano: 2000
- Compositor: Asaph Borba
- Gravações: CD *Erguei os Vossos Olhos*; CD *Deus é Fiel*; CD *Le Adoraremos hasta el Fin del Mundo* – Chile (versão em espanhol); CD/DVD *30 Anos de Louvor e Adoração*; CD/DVD *Rastros de Amor*; CD *CONPLEI JOVEM*

A cada manhã

Como já narrei, os encontros da VINDE, liderados pelo pastor Caio Fábio, aconteciam todos os anos, desde meados da década de 1980, em Serra Negra, na região das águas termais, no estado de São Paulo. No ano de 1993, a organização iniciou ali o Congresso VINDE Para Família, que também se tornou anual. Nos três anos seguintes, o encontro foi realizado em Foz do Iguaçu, no Paraná; sendo o quinto e último realizado em Guarapari, no Espírito Santo. Tive a alegria de participar até o quarto congresso de família e ser muito edificado.

Em 1995, fui com Rosana e Aurora, que já estava com quatro anos, acompanhado por meus sogros, ao terceiro desses encontros, em Foz do Iguaçu. Foram para tocar comigo os músicos: Daniel Souza, que também levou sua esposa Selma, os filhos e a sogra; e Samuel Oliveira, que ainda estava solteiro. Em uma das tardes, decidimos ir juntos à cidade fronteiriça ao Brasil, Ciudad del Este, no Paraguai, para passear e fazer compras, levando a amiga Núbia Prado conosco. Deixamos as mulheres e crianças em um famoso *shopping center* chamado Monalisa, na movimentada zona franca, por ser um lugar bem seguro para elas, enquanto Samuel e eu nos dirigimos à loja de instrumentos musicais.

Depois de algum tempo, voltamos para reencontrar o grupo. Ao entrarmos na loja em que estavam, logo ouvi um choro intenso e identifiquei que se tratava da Aurora. Corri para o primeiro piso, onde um monte de pessoas, funcionários e turistas, estava na frente da escada rolante, em volta de minha filha, que se debatia de dor, deitada de bruços no colo da Rosana, apoiada pela avó Dora. O quadro era assustador! O macacão de brim da menina estava estraçalhado e todo ensanguentado na altura das nádegas. A explicação rapidamente foi dada pela gerente da loja: a menina sentou-se na escada enquanto descia e, como não levantou-se a tempo, ao final dela suas roupas foram tragadas pelos degraus, que rasgaram o macacão e sua pele, que ficou em carne viva.

A administração da loja estava pronta para levá-la ao hospital da região, porém, sem hesitar, peguei minha filha no colo e corri para fora. Rosana segurava uma fralda sobre o ferimento, a qual logo ficou encharcada de sangue, enquanto Samuel nos trouxe o primeiro táxi que encontrou na rua para nos tirar dali.

Decididos a voltar para o Brasil, nos dirigimos até a Ponte da Amizade. Conseguimos atravessar a fronteira sem problemas e, pouco tempo depois, chegamos ao Hotel Carimã, onde estava sendo realizado o congresso. O médico do encontro, que eu já conhecia, prontamente foi chamado e rapidamente atendeu a Aurora, com muito cuidado. A pisadura parecia um zíper de metal largo que passava de uma nádega a outra de nossa filhinha. Porém, o médico nos explicou que não seria adequado fechar com pontos, mas que, por meio de limpeza contínua e administração de antibiótico tópico, o próprio organismo dela fecharia a ferida de dentro para fora. Então, ele limpou os ferimentos e fez os curativos nos ensinando como deveríamos proceder, pois precisaríamos fazer o mesmo três vezes ao dia. Depois, nos orientou para irmos ao hospital da cidade para que Aurora tomasse a vacina antitetânica. Assim fizemos.

Passado o susto, terminamos o congresso e voltamos a Porto Alegre. Os sulcos profundos, ainda com as marcas da escada rolante, davam calafrios só de olhar. Cada troca de curativo era um sofrimento. Nossa Aurorinha constantemente chorava de dor e demorava a dormir. Uma coisa, porém, nos consolava: a cada dia, os ferimentos ficavam menores.

Em uma noite, quando já havíamos retornado de Foz, minha sogra Dora, que participava de nosso grupo caseiro e nos ajudava em tudo, deixou um papel na porta da geladeira de nossa casa. No bilhete estava escrito: "As misericórdias do Senhor renovam-se a cada manhã. Grande é a sua fidelidade", baseado no capítulo 3 do livro de Lamentações. Então, meditando naquela mensagem e pensando sobre os ferimentos de nossa filha, vi que era isso o que estava acontecendo todos os dias: a cura produzida por Deus a cada manhã, como fruto de sua misericórdia e compaixão. Guardei no coração aquelas palavras que me trouxeram o conforto divino, aquietando a minha alma.

Seis anos depois, em uma manhã do mês de dezembro de 2001, em uma reunião com os irmãos de São Vicente, São Paulo, o querido César Morgado começou a ministrar sobre o mesmo texto de Lamentações. Naquele momento, as memórias daquela experiência com Aurora, somadas àquelas do livramento de minha família inteira na tentativa de assalto sofrida em 1996, vieram à tona e comecei espontaneamente a cantar essas linhas: "A cada manhã, a cada manhã, as misericórdias se renovam, a cada manhã!" A pequena e simples melodia não saiu mais da minha cabeça. Assim, voltando para Porto Alegre, ensinei-a e passei a cantá-la com os meus queridos em casa.

Em janeiro de 2002, eu estava em Atlanta, nos Estados Unidos, na casa do amigo e pastor José Carlos Pezini, quando lembrei-me da melodia ao dedilhar o violão em frente à lareira, em um inverno muito rigoroso. As estrofes foram surgindo com uma harmonia inusitada, mas de singela beleza, fugindo um pouco do

210 A HISTÓRIA POR TRÁS DA MÚSICA

meu estilo. Ali escrevi a música completa e ainda recebi a ajuda do amigo Pezini para concluir a letra da segunda estrofe.

A cada manhã, a cada manhã!
As misericórdias se renovam
A cada manhã!

Olhai os lírios dos campos e os pássaros no céu
Deus cuida de todos eles com fidelidade e amor
Não semeiam nem ceifam, mas refletem a glória de Deus
A cada dia, a cada manhã!

Assim como o Senhor alimenta as aves do céu
Veste os lírios dos campos de beleza e esplendor
Ele cuida as nossas vidas, supre as necessidades
A cada dia, a cada manhã!

Nossa esperança se renova...
Nossa alegria se renova...
Nossa confiança se renova...

Desde sua concepção, essa música tornou-se um instrumento de Deus para realçar a riqueza do texto de Lamentações 3:22,23: "As misericórdias do SENHOR são a causa de não sermos consumidos, porque as suas misericórdias não têm fim; renovam-se cada manhã. Grande é a tua fidelidade."

Aprendemos que tudo o que vem do Senhor é fruto de sua bondade, misericórdia e compaixão constantes em nossas vidas, restaurando e curando as feridas e as dores. Cremos que Deus pode fazer grandes prodígios, mas a verdadeira riqueza está em compreender os pequenos milagres que o Pai eterno realiza pouco a pouco a cada manhã. Deus traz sanidade quando sofremos pisaduras no corpo, na alma e no espírito. Às vezes, não resta sequer uma cicatriz, como vimos acontecer com nossa Aurora!

A primeira gravação foi em 2002, pela Life, na qual cantei com minha irmã Carmélia, e essa canção deu nome ao disco: *A Cada Manhã*. Em 2003, foi incluída no quinto disco instrumental da Life, *Deus é Fiel*. No mesmo ano, gravei essa canção em Santiago, no Chile, junto com uma seleção de cânticos de minha autoria, com versões em espanhol, no disco *Le Adoraremos hasta el Fin del Mundo*, da Vida Producciones Ltda. Pouco depois, a gravei com meu amigo David Neutel, cantor e arranjador português, em seu CD *Mais de Ti – David Neutel e amigos*.

O saxofonista Hamilton Faria gravou essa canção, em 2005, no seu CD instrumental *Mais de Ti, Menos de Mim*, da Sal Music. Em 2006, *A cada manhã* fez parte do meu primeiro CD gravado totalmente em inglês: *I Was Born to Worship You (Eu nasci para te adorar)*, da Life, sob o título *Each morning, my Lord (Cada manhã, meu Senhor)*, e a cantei com minha Rosana. Ainda nesse ano, foi incluída no CD/DVD *30 Anos de Louvor e Adoração*, da Life, no qual cantamos, Rosana, eu e nosso filho André, que estava completando 10 anos.

A cada manhã

- Ano: 2002
- Compositores: Asaph Borba e José Carlos Pezini
- Gravações: CD *A Cada Manhã*; CD *Deus é Fiel*; CD *Le Adoraremos hasta el Fin del Mundo* – Chile (versão em espanhol); CD *I Was Born to Worship You* (versão em inglês); CD/DVD *30 Anos de Louvor e Adoração*

Melhor é dar

Uma das conquistas de minha vida foi deixar de ser alguém que só recebe e usufrui as bênçãos de Deus e a generosidade dos irmãos, para ser um daqueles que também dá, um abençoador, o que começou de forma singela, mas crescente. O primeiro passo foi dado com minha esposa Rosana, quando abrimos nossa casa aos pequenos grupos da igreja, no início das células em nossa congregação em Porto Alegre, ainda na década de 1980.

O processo ampliou-se quando, ao longo dos anos, passei a participar e investir em projetos para nações como: Nicarágua, Cuba, Peru, Colômbia, Jordânia, Palestina, Síria, Líbano, Egito, Turquia, e, mais tarde, Nepal e interior da África. A perspectiva de ser um canal transmissor de recursos e de bênçãos, em vez de um simples receptor, mudou uma chave dentro do meu coração. E essa transformação passou a acontecer com mais intensidade na primeira década do terceiro milênio.

Foi a partir de 2001 que começou uma nova etapa em meu ministério. Os projetos de diferentes naturezas e as muitas frentes de trabalho, prioritariamente no Oriente Médio, levaram-me a investir mais tempo e recursos, como jamais havia feito até então. Tudo foi acontecendo naturalmente. Precisei alargar meu coração para desenvolver os projetos que Deus confiava em minhas mãos. A compreensão dessa nova realidade veio devagar, assim como a consciência de que era chegada a hora de repartir com os outros não apenas o que eu tinha, mas também o que eu receberia.

Um dia, em meados de 2002, participei de um encontro de casais da Igreja Batista Central de Trindade, na cidade de São Gonçalo, no estado do Rio de Janeiro. Hospedei-me nas dependências da igreja, em um quartinho de frente para a barulhenta e movimentada avenida que corta um dos bairros centrais da cidade fluminense. O calor insuportável e o ruído do trânsito intenso roubaram meu descanso e me expulsaram do aposento, em busca de um lugar mais fresco naquela tarde abafada. Desci ao térreo do prédio principal e atravessei uma das portas do salão de reuniões, no qual grandes bancos de madeira se alinhavam em quatro longas colunas. Sentei-me em um dos bancos para ler e para meditar sobre o tema do evento, pois ali parecia ser um lugar mais agradável. Foi quando me deparei com um cartaz feito à mão, pendurado em uma das paredes, pedindo ofertas para a construção de um novo prédio, com a seguinte frase: "É possível dar sem amar, mas é impossível amar sem dar."

Frases como essa acertam como um torpedo aqueles inspirados a compor canções. Copiei-a em um caderno e fiquei pensando numa maneira de utilizá-la em alguma poesia. Não demorou muito para que as conexões fossem feitas pelo Espírito Santo em minha mente e coração. Comecei, então, a escrever:

Melhor é dar do que receber
Como Jesus, assim quero ser
Dar a quem pede, ao que tem fome

Contudo, é possível dar sem amar
Mas, impossível amar sem dar!

Dar minha vida, meu coração
A mão estendida de amor e perdão
Assim foi Jesus, quando a vida nos deu
Contudo, é possível dar sem amar
Mas, impossível amar sem dar!

Tanto Deus me amou, por isso ele deu
Não o que sobrou, mas o melhor do que era seu
Assim como Deus me amou
Também eu quero amar
Pois sei que é possível dar sem amar
Mas, impossível amar sem dar!

Sem dúvida, esse cântico foi um instrumento de Deus para realçar a nova fase. O ensino de Cristo brilhou com intensidade em meu espírito, e desde então, de maneira gradativa e crescente, tenho aprendido a ser dadivoso do jeito esperado por Deus, na sua hora e com os recursos por ele confiados, como se afirma em Atos 20:35: "Tenho-vos mostrado em tudo que, trabalhando assim, é mister socorrer os necessitados e recordar as palavras do próprio Senhor Jesus: Mais bem-aventurado é dar que receber."

Posteriormente, quando finalizava meu segundo livro, *De um pai para seus filhos*, um querido amigo, Alonso Azevedo, que me ajudou com as referências bibliográficas daquele trabalho, lançado pela Life em 2016 e relançado pela editora Thomas Nelson Brasil, em 2017, encontrou o autor da emblemática frase naquele cartaz: Richard Braunstein.

A canção foi gravada no disco *A Cada Manhã*, em 2002, pela Life, e em 2003 foi incluída no quinto disco instrumental da Life, *Deus é Fiel*.

Melhor é dar

- Ano: 2002
- Compositor: Asaph Borba
- Gravações: CD *A Cada Manhã*; CD *Deus é Fiel*

Agora eu posso entrar

Não lembro exatamente como e quando compus todas as minhas músicas. Esta é uma das canções que a memória não registrou claramente o momento de sua inspiração. Entretanto, por ter na mente as lutas que estávamos enfrentando no período em que ela surgiu e foi gravada, decidi incluí-la neste livro.

Enquanto eu produzia o disco *A Cada Manhã*, estávamos em meio a provações e desafios que nos levaram a confiar ainda mais na soberania de Deus, gerando fé em nossos corações. Víamos os milagres que Deus operava a nosso favor, tanto na área familiar, especialmente com relação ao desenvolvimento de nossa filha Aurora, quanto na área ministerial, nos conduzindo a ir muito além do que poderíamos imaginar, e ainda, nos dando a provisão necessária para as duas áreas.

A canção surgiu, não recordo a hora nem o local. A única referência é o dia em que nossa querida amiga e vizinha Gelsa Ungaretti, esposa do pastor Erasmo, ouviu-me tocar e cantar em minha casa, e me convidou para tocar em seu apartamento, no andar de baixo. Prontamente, peguei de cima do piano a pilha de músicas em que estava trabalhando para esse novo disco e desci. O cântico *Agora eu posso entrar* estava entre elas, e parecia ser a primeira vez que eu o via, embora estranhamente soubesse a letra e a melodia.

Minha teoria sobre o cântico é que ele foi composto durante uma viagem e acabei esquecendo, porque sempre faço muitas coisas durante o tempo em que estou na estrada sem dirigir ou voando. Quando fico em um aeroporto, entre um voo e outro, ou sentado, esperando em algum lugar, é comum eu escrever ou gravar melodias. Aprendi a aproveitar cada momento e qualquer faísca de inspiração, como narrei anteriormente. No caso desse cântico, não tenho nenhuma lembrança. Porém, a ausência de "certidão de nascimento" não tira a relevância da música, que gosto de cantar até hoje.

Um fato ocorrido naquela época, contudo, chamou muito a minha atenção, e acredito ter relação com a composição, já que me fez pensar na eternidade. Foi em um voo de Brasília para Ribeirão Preto, no interior do estado de São Paulo. O pequeno avião da já extinta companhia Brasil Central, no qual eu estava com outras dez pessoas, sofreu uma pane elétrica, que fez a aeronave ficar em total escuridão e sem comunicação. O pouso de emergência aconteceu por volta das 22h. Os quase quarenta minutos passados no escuro, e com intenso cheiro de fumaça e fio queimado, pareceram intermináveis. É natural que o pânico tome conta de nossa mente em meio a situações assim, porém, mesmo na grande tensão do momento, tive a oportunidade de rever a vida e a fé. Acima de tudo, pude entender o que é estar em paz com o Senhor, sentimento que encheu meu coração. Apesar da iminência de um acidente e do risco de morte, nada me impediu de meditar sobre a bênção de já conseguir, em vida, experimentar a presença de Deus e descansar nele.

O texto de Hebreus 10:19-20 nos fala dessa condição de liberdade plena na presença de Deus: "Tendo, pois, irmãos, intrepidez para entrar no Santo dos Santos, pelo sangue de Jesus, pelo novo e vivo caminho que ele nos consagrou pelo véu, isto é, pela sua carne."

O cântico trata de um momento de extrema comunhão com o Pai, quando meu coração sentiu a maravilhosa presença de Deus, e destaca a obra da cruz que tornou possível esse acesso direto e pleno. O desejo de habitar num lugar sublime, preparado por Jesus, também é descrito na poesia. Esta é a única de minhas canções que tem essa ênfase sobre o porvir.

Agora eu posso entrar em tua presença
E te adorar em tua presença
Através de Jesus, novo e vivo caminho
Para os teus átrios, meu amado Pai!

Não há mais separação da tua presença
Tenho plena comunhão em tua presença
Através de Jesus, novo e vivo caminho
Para os teus átrios, meu amado Pai!

Este é o lugar onde irei habitar
Com alegria, cheio de paz
Onde as lágrimas e a dor terminarão pra sempre
Sim, para sempre, pra sempre e sempre
Vou te adorar!

O que mais me impressiona é o quanto Deus tem usado essa música para derramar em muitas vidas e congregações o seu sublime amor, decorrente de sua maravilhosa presença. Onde é cantada, sempre experimento um pedacinho do céu. Abençoou, antes de tudo, nossa casa, sendo um dos cânticos favoritos de minha Rosana, pois entoá-lo representava um refúgio das muitas situações difíceis enfrentadas por ela. Antever o céu sempre nos traz um refrigério para a alma, pois nos conecta com a eternidade prometida.

Tenho a lembrança de um dia, em 2003, no qual preguei na igreja dos amigos e filhos no Senhor, Alexei e Lolita Mori, em Rio Claro, no interior de São Paulo. Para minha surpresa, o grupo de louvor começou a cantar essa canção, que até aquele momento não era muito conhecida, já que o disco tinha sido lançado poucos meses antes. A glória de Deus encheu o lugar, e eu, particularmente, fui muito edificado desfrutando de sua amável presença.

Agora eu posso entrar foi gravada no disco *A Cada Manhã*, em 2002, pela Life, e em 2003 foi incluída no quinto disco instrumental de nossa gravadora, *Deus é Fiel*. Foi regravada, em 2012, no disco *Eu Escolhi Jesus*, da Som Livre. Essa canção fez parte do CD do livro *Adoração: quando a fé se torna amor*, no qual gravei, com o amigo João Batista dos Santos, versão violão e voz, em 2012. O cântico ganhou versão e gravação em língua inglesa, em 2015, por Don Stoll.

Agora eu posso entrar

- Ano: 2002
- Compositor: Asaph Borba
- Gravações: CD *A Cada Manhã*; CD *Deus é Fiel*; CD *Eu Escolhi Jesus*; CD do livro *Adoração: quando a fé se torna amor*; CD do livro A *Life of Worship: When Faith Becomes Love* (versão em inglês)

Vestes de louvor

Conforme nossos filhos, Aurora e André, cresciam, tornavam-se participantes de tudo o que diz respeito à vida da igreja em Porto Alegre e ao nosso ministério. A identidade deles com as coisas de Deus e principalmente com os irmãos, onde quer que estivéssemos, sempre foi grande, e motivo de alegria para mim. Para os dois, não havia mau tempo nem impedimentos quando se tratava das reuniões em células e na congregação. Como dificilmente ficam doentes, graças a Deus, desde aquela época e até hoje estão envolvidos em tudo que nossa igreja realiza. Nunca deixei que qualquer problema ou conflito gerasse na família um afastamento de nossa congregação e liderança.

Além disso, em casa mantemos uma atitude constante de louvor e adoração. Eles participam da cantoria a qualquer hora e andam conosco, desde pequenos, ministrando por todo lado. André constantemente está com um violino ou um violão nas mãos. Aurora se alegra, canta e dança participando como pode. Minha filha, além de colaborativa nas atividades da igreja, desde os nove anos manifestou o sonho de dançar para Deus. Aos poucos, no decorrer de sua vida, isso foi se tornando realidade,

VESTES DE LOUVOR **221**

e, mesmo com todas as suas limitações, passou a ter aulas de dança, o que lhe trouxe uma grande realização.

Um dia comecei a meditar em casa sobre o texto de Isaías 61:1-3, que diz:

> O Espírito do Senhor Deus está sobre mim, porque o Senhor me ungiu para pregar boas-novas aos quebrantados, enviou-me a curar os quebrantados de coração, a proclamar libertação aos cativos e a pôr em liberdade os algemados; a apregoar o ano aceitável do Senhor e o dia da vingança do nosso Deus; a consolar todos os que choram e a pôr sobre os que em Sião estão de luto uma coroa em vez de cinzas, óleo de alegria, em vez de pranto, veste de louvor, em vez de espírito angustiado...

Então, senti que esse texto profético, rico e alegre, usado por Jesus no início de seu ministério, pedia uma melodia. Peguei o violão e o coro logo brotou: "Coroa em vez de cinzas, óleo de alegria" comecei a cantar com júbilo. Devagarinho, a melodia surgiu cada vez mais consistente e foi tomando corpo. Na empolgação, já cantando a plenos pulmões, nem vi a chegada de minha filha, que ficou parada atrás de mim, dentro do escritório. Quando notei sua presença, ela estava dançando no ritmo da música. Suas mãozinhas subiam firmes e faziam gestos expressivos, que me inspiraram ainda mais. Assim nasceu a canção, junto com minha Aurora!

Poucos meses antes, na Conferência Adoração e Adoradores de 2002, em Sumaré, no interior de São Paulo, a Aurora tinha sido convidada por Luciana Torres, uma irmã em Cristo de Goiânia, para participar de uma tarde de louvor com a equipe de dança dela, chamada Companhia Rhema. Ali presenciamos maravilhados nossa filha louvando a Deus por meio da dança em grupo pela primeira vez. Com seu puro e lindo coração, ela fez algumas coreografias em movimentos espelhados, realizando com muita graça o seu grande sonho.

Na noite em que compus a canção, entretanto, ela não teve ninguém a guiar seus passos. Aurora criava os gestos e, com espontaneidade, louvava a Deus. A expressão dela naquele momento me encheu de alegria e, em questão de minutos, concluí a versão final da música. Durante esses mais de quarenta anos de composição, poucos cânticos ficaram prontos tão rapidamente, sem carecer de maiores ajustes. Quem compõe sabe que as melodias transformam-se conforme são cantadas pelo autor. E algumas, depois de apresentadas ao público, transformam-se ainda mais. Vestes de louvor nasceu pronta. Só ganhou um "Oh, oh, oh, oh, oh oh!" inicial, ainda na primeira gravação.

Ter um ambiente de louvor e adoração, a Palavra de Deus e a inspiração do Espírito Santo são todos os elementos de que um autor precisa para compor uma canção que ministre aos corações.

O Espírito do Senhor está sobre mim
Porque o Senhor me ungiu para pregar
Boas-novas aos quebrantados
Aos quebrantados de coração curar!

O Espírito do Senhor está sobre mim
Porque o Senhor me ungiu para pregar
Libertação a todos os cativos
Libertação a todos proclamar!

Pôr em liberdade os algemados
Proclamar o ano aceitável do Senhor
Consolar todos os que choram
E acabar com o luto e com a dor!

Coroa em vez de cinzas, óleo de alegria
Em vez de pranto, vestes de louvor!
Coroa em vez de cinzas, óleo de alegria
Em vez de angústia, vestes de louvor!

VESTES DE LOUVOR **223**

Em 2004, quando gravamos o novo disco da Life, essa canção foi incluída e deu título ao trabalho: *Vestes de Louvor*. A capa foi ilustrada por Luciana Torres com motivos de dança, para lembrar que essa expressão tão linda de louvor deve ser mais valorizada na vida da Igreja e que tem tudo a ver com vestes de louvor. Na gravação original, finalizei proclamando Isaías 61:3-7:

> [...] a fim de que se chamem carvalhos de justiça, plantados pelo SENHOR para a sua glória. Edificarão os lugares antigamente assolados, restaurarão os de antes destruídos e renovarão as cidades arruinadas, destruídas de geração em geração. Estranhos se apresentarão e apascentarão os vossos rebanhos; estrangeiros serão os vossos lavradores e os vossos vinhateiros. Mas vós sereis chamados sacerdotes do SENHOR, e vos chamarão ministros de nosso Deus; comereis as riquezas das nações e na sua glória vos gloriareis. Em lugar da vossa vergonha, tereis dupla honra; em lugar da afronta, exultareis na vossa herança; por isso, na vossa terra possuireis o dobro e tereis perpétua alegria.

Um tempo depois, em uma viagem de carro ouvindo a gravação dessa canção, percebi que meu filho André, já com oito anos nessa época, recitava o texto de cor. Convidei-o, então, a fazer o mesmo nas igrejas, quando entoávamos esse cântico. Sempre que ministrávamos *Vestes de louvor* nos dava muita alegria ver Aurora dançar sua coreografia e André recitar a Palavra de Deus.

Em 2005, a canção foi gravada pelo cantor Chris Durán em seu CD *Renúncia*. A música fez parte da seleção do CD/DVD *30 Anos de Louvor e Adoração*, da Life, em 2006, sendo minha filha Aurora a líder coreográfica da canção, dançando no palco, seguida pelo grupo de dança. Foi um momento de inspiração e unção na vida de nossa filha especial, nesta música com a qual ela tanto se identifica. Também em 2006, *Cantos de louvor (Vestes de louvor)* foi gravada por Juan Salinas e sua banda, com versão no espanhol, em seu CD/DVD *Dios de Israel (En Vivo)*, pela Juan

224 A HISTÓRIA POR TRÁS DA MÚSICA

Salinas Records. Em 2007, gravei ao vivo essa canção na Igreja Videira, em Goiânia, no CD *Adoradores*, da Life. Também nessa cidade, o Ministério Frutos da Vide gravou-a em seu primeiro trabalho, o CD *Conquista*. Em 2011, gravei a canção com o cantor gaúcho Fabinho Vargas, no CD *E Nada me Faltará*, sua primeira produção de louvores, realizada após sua conversão e o milagre da cura de sua esposa. Gravei também essa música no CD *Gratidão*, do Ministério Orbrac, da Igreja O Brasil Para Cristo de Sumaré, São Paulo, em um belo trabalho de arranjo vocal, instrumental e de orquestração. A Banda Graça incluiu a canção, em 2012, no seu CD/DVD *Multiformas – Do Velho ao Novo*. No mesmo ano, fez parte do CD do livro *Adoração: quando a fé se torna amor*, que gravei, com o amigo João Batista dos Santos, versão violão e voz; e ainda, com uma nova versão, *Vestes de louvor* foi gravada no disco *Eu Escolhi Jesus*, da Som Livre, e a cantei com meu filho André, o qual também tocou seu violino no arranjo instrumental. Em 2013, foi traduzida para o italiano e é cantada pelos irmãos de Treviso e Pádua, na Itália. Essa música foi incluída em um filme nacional cristão, do qual participei, *Um Lugar Para Ser Feliz*, gravado em 2015 pela Red Films, em Joinville e Campo Alegre, Santa Catarina, e lançado pela Sony Pictures/Home em 2016. Também em 2015, a canção foi gravada em outra versão no espanhol, por Mauricio Valdivia, no CD *Caerá – Atributos en Vivo*, em Rancagua, no Chile. Ainda nesse ano, ganhou versão e gravação em inglês, por Don Stoll.

Vestes de louvor

- Ano: 2002
- Compositor: Asaph Borba
- Gravações: CD *Vestes de Louvor*; CD/DVD *30 Anos de Louvor e Adoração*; CD *Adoradores*; CD *Eu Escolhi Jesus*; CD do livro *Adoração: quando a fé se torna amor*; CD do livro *A Life of Worship: When Faith Becomes Love* (versão em inglês); CD *Caerá – Atributos en Vivo* – Chile (versão em espanhol)

Eu nasci para adorar

Se existe algo que gostamos de fazer em família é viajar. O que mais nos agrada é pegar o carro, mesmo sendo o avião prático e rápido, e fazer viagens longas pelo Brasil, às vezes por outros países. As crianças, acostumadas à estrada, pouco incomodam; pelo contrário, o tempo que passamos dentro do veículo é sempre de comunhão, bastante conversa, música e lanches, muitos lanches. Já temos as paradas tradicionais, que conhecemos de cor; ademais, a expectativa pelos diferentes quitutes dá um sabor especial à jornada.

Foi desse modo no fim de 2002. Fizemos uma puxada de Porto Alegre ao Rio de Janeiro, com rápido pernoite em Curitiba. Naquela viagem vimos como as estradas do sul do Brasil tinham crescido em qualidade, mas, muito mais, em intensidade de tráfego.

Quando conseguimos chegar ao Rio de Janeiro, fomos direto para a sede da Igreja Missionária Evangélica Maranata, no bairro da Tijuca, onde ocorreria o lançamento do CD *Maranata em Adoração*, que gravei ao vivo, naquele mesmo ano, com o pastor Paulo César Brito e um grupo expressivo de irmãos, os quais deram o seu melhor para produzir aquele disco.

226   A HISTÓRIA POR TRÁS DA MÚSICA

Então, descarregamos nossas bagagens no apartamento que ficava nas dependências da igreja, chamado carinhosamente de "cantinho do profeta", por causa dos muitos hóspedes, homens e mulheres de Deus, que por ali passaram. Depois de um breve descanso, meu filho André, na época com seis anos, pegou seu violino, instrumento que ele estudava desde os quatro anos, e me disse:

— Pai, vamos compor uma música juntos?

Confesso que eu não tinha nenhuma inspiração, mas prontamente respondi:

— Vamos, filho! — Tentando, porém, encobrir meu cansaço.

Tratei de pegar o violão para dar asas à motivação de meu filho, enquanto Rosana já desfazia algumas malas no quarto ao lado.

Desde muito cedo, o talento musical era crescente em nosso André. Ainda pequeno, notamos o quanto sua voz era afinada, além de ter uma memória privilegiada, que o fazia memorizar canções inteiras dos diferentes CDs que constantemente ouvíamos no carro. Naquele dia em particular, com bastante firmeza e sem hesitar, o menino começou a tocar em seu pequeno violino uma linha melódica: sol – sol – sol – mi – fá – ré – mi.

A frase musical simples foi repetida algumas vezes por ele e logo ganhou uma letra, que veio à minha mente enquanto o acompanhava com o violão: "Eu nasci para adorar!" Assim, a música começou a surgir. A letra e a melodia se ampliaram diante de mim, tornando-se uma canção capaz de expressar uma das realidades mais sublimes do propósito de Deus para a existência humana: viver para a glória de Deus; existir para adorar aquele que é digno de toda a honra e de todo o louvor.

Em poucos minutos, a música estava pronta. Então, foi cantada por toda a família incansavelmente naquela tarde e, depois, durante todo aquele fim de semana, nas muitas Igrejas Maranata em que estivemos, em bairros do Rio e em Duque de Caxias, na Região Metropolitana.

Eu nasci para adorar,
Eu nasci para adorar!

Para proclamar a glória do Senhor
Para ser um verdadeiro adorador!

Pra te adorar, Senhor,
Pra te adorar, Senhor,
Pra te adorar, Senhor,
Pra te adorar, te adorar!

Em 2003, fui para a Jordânia, um pequeno país do Oriente Médio no qual eu já atuava há sete anos. Naquela visita, em especial, o objetivo era preparar um de nossos congressos para músicos cristãos árabes da região. Em uma das devocionais com os irmãos do comitê de trabalho, lembrei desse pequeno cântico, rapidamente o traduzi para o inglês e ensinei aos presentes. A identificação e o fluir da melodia foram imediatos. De forma espontânea, uma das irmãs, chamada Ghadeer Yaser-Hijazeen, começou a cantar a mesma melodia em árabe, traduzindo cada uma das frases: *"Ana uojid tu liabudak, Ana uojid tu liabudak!"*, que foi transliterado por mim dessa maneira. Então, no dia seguinte, gravei a canção com essa mesma irmã cantando em árabe, em um estúdio na Igreja Batista de Amã.

Quando voltei a Porto Alegre, encaixei a voz dela no arranjo instrumental desta música, que já estava sendo produzida para o nosso disco *Vestes de Louvor*, lançado em 2004, e o solo em português foi feito por minha Rosana.

A canção traduzida para o árabe ficou linda no estilo oriental e, após pequenas correções, logo entrou no repertório de todos os congressos realizados na região. Nos meses posteriores, também passou a ser cantada nas igrejas árabes de várias denominações.

Eu nasci para adorar também foi traduzida para: espanhol, norueguês, francês, turco, albanês, além de inglês, versão que constantemente uso mundo afora.

A singela melodia, nascida de maneira tão simples na comunhão em família, tem trazido bênção onde quer que seja cantada!

228 A HISTÓRIA POR TRÁS DA MÚSICA

Em 2006, essa canção fez parte e deu nome ao meu primeiro CD gravado totalmente em inglês: *I Was Born to Worship You* (*Eu nasci para te adorar*), da Life. Ainda nesse ano, foi incluída no CD/DVD *30 Anos de Louvor e Adoração*, da Life, novamente com solo de minha amada Rosana, seguido de irmãos solando em inglês (Gerson Ortega), francês (pr. Junior) e, inclusive, nós dois, em árabe. Em 2007, a música foi gravada no DVD *Worship Night – Live Recording* (Noite de adoração ao vivo) em Bethania – Harissa, no Líbano, pela Stronghold's Band, uma banda cristã libanesa, em versões no árabe e no inglês. Duas gravações dessa canção fizeram parte da coletânea do CD produzido para a primeira conferência de adoração na Síria, em 2008, *The Joy of The Lord – Asaph Borba (Middle East Collection)*, pela International Worshipers Fellowship: uma em português e árabe, e a outra, somente em inglês. Foi também traduzida para o italiano no mesmo ano, e é cantada em Treviso e Pádua, na Itália. Em 2010, The Better Life Team, uma banda cristã do Cairo, no Egito, liderada por Maged Adel, gravou um videoclipe dessa canção, para veiculação no canal SAT-7 Arabic, na versão em árabe. Em 2014, o Songs of Heaven Team, uma banda cristã de Amã, na Jordânia, gravou esta canção em árabe para o CD do nosso livro *Adoração: quando a fé se torna amor*, lançado nesse mesmo idioma. Em 2016, a Missão Evangélica Árabe do Brasil (MEAB), em parceria com a Life, lançou o CD *Adorando com os Filhos de Ismael*, com sete canções em versões no árabe e no português, no qual essa canção foi incluída.

Eu nasci para adorar

- Ano: 2002
- Compositor: Asaph Borba
- Gravações: CD *Vestes de Louvor*; CD *I Was Born to Worship You* (versão em inglês); CD/DVD *30 Anos de Louvor e Adoração*; CD do livro árabe *Adoração: quando a fé se torna amor* – Jordânia (versão em árabe); CD *Adorando com os Filhos de Ismael* (versões em português e árabe)

Boas-novas

O dia 19 de março de 2003 amanheceu tenso na cidade do Cairo, capital do Egito. A manhã quente e ensolarada foi marcada pela movimentação geral, sentida no trânsito e nas mídias, fruto do ultimato do presidente norte-americano George W. Bush ao mandatário iraquiano Saddam Hussein, que teria 24 horas para entregar o poder ou, então, haveria guerra. Em todo canto, nas lojas e nos bares, havia uma TV ligada nos noticiários; nas ruas, as sirenes dos carros oficiais tocavam como cigarras barulhentas, e a iminência de um conflito acirrava os ânimos.

Meu amigo jordaniano Amer Matalka e eu estávamos preparando o primeiro congresso de adoradores árabes no Oriente Médio, o qual seria realizado em parceria com a gravadora norte-americana Integrity Music. Naquela viagem, nossa incumbência era entrar em contato com igrejas e músicos de toda a região do Oriente Médio a fim de anunciar o evento. Já tínhamos passado pela Jordânia e, agora, estávamos no Egito, sem dúvida um lugar-chave, pois lá estava concentrada a maioria dos cristãos do mundo muçulmano da época. Durante o café da manhã, no hotel situado às margens do rio Nilo, só se falava da iminente Segunda Guerra do Golfo, pois o Iraque, na região do Golfo Pérsico, já tinha passado por uma guerra há pouco mais de uma década.

Passamos o dia fazendo contatos. Ninguém ficou de fora. Convidamos os evangélicos de todas as denominações, os mais diferentes grupos de música cristã e ainda os ortodoxos coptas, descendentes dos antigos egípcios que se converteram ao cristianismo no século I. Como aquele era nosso último dia na cidade, buscamos aproveitá-lo ao máximo. No final da tarde, corremos ao aeroporto e partimos direto para Beirute, capital do Líbano, em um voo que durou pouco mais de uma hora.

Na capital libanesa, reunimo-nos com alguns líderes cristãos e também os convidamos para o evento. Então, sem tempo para mais nada, a não ser um banho, voltamos ao aeroporto, já perto das 23h, para pegarmos um voo rumo ao Chipre.

No aeroporto, o assunto era o mesmo: a guerra iminente. O voo para Lárnaca, no Chipre, uma pequena, mas importante ilha do Mediterrâneo, estava cheio. A Organização das Nações Unidas (ONU) retirara todo o seu contingente das bases continentais e o estava transferindo para o Chipre por conta da situação, de modo que nosso avião foi totalmente ocupado por funcionários dessa organização.

Antes de embarcar, liguei para casa avisando que estava bem. André, na época com apenas seis anos, mas já atento aos rumores de guerra nas notícias da televisão, perguntou, pensando na minha segurança:

— Pai, vai ter uma caminha pra ti dormir?

Durante o rápido voo, em uma noite enluarada e clara, assim que decolamos, foi possível ver a poderosa frota norte-americana no Mediterrâneo, preparada para o conflito. Chegamos à ilha pouco antes da meia-noite e, logo na saída do portão de desembarque, um repórter da televisão local veio direto me entrevistar, perguntando como estavam as coisas no continente.

O que dizer? A confusão era geral. As companhias que voavam para a região estavam cancelando seus voos e os aviões partindo lotados dos aeroportos.

Por fim, chegamos ao hotel em Nicósia, capital do Chipre, perto das 2h da madrugada. Porém, às 4h fomos acordados por sirenes. Ligamos rapidamente a TV e soubemos que a Segunda Guerra do Golfo tinha começado. Amer e eu oramos, entregando tudo nas mãos de Deus, e então voltamos a dormir.

Já no café da manhã, um coronel argentino da ONU deixou-me a par da gravidade do ataque, mas nada tirou nosso foco. Antes de vermos as instalações para o congresso de adoração, visitamos a sede do canal de TV SAT-7, uma rede cristã de televisão por satélite que transmite em árabe, persa e turco em 25 países do Oriente Médio e norte da África, além de 50 países da Europa. Queríamos compartilhar com eles nossos planos. O diretor nos recebeu com alegria e, depois de falarmos sobre nosso ministério na região, ele disse:

— Estamos precisando de gente como vocês para um projeto. Queremos fazer um disco com música cristã em árabe e enviar com um pacote para as pessoas que estão respondendo à pergunta feita no ar, pela TV, sobre terem interesse em saber mais sobre Jesus. O pacote teria o filme Jesus já traduzido para o árabe.

E concluiu:

— Com o filme vamos também anexar uma Bíblia em árabe. Por isso, para completar, necessitamos de um CD com músicas em árabe que falem do Evangelho.

Sem pensar muito, Amer e eu concordamos em produzir as músicas. Ali nasceu um compromisso que nada tinha a ver com nossa missão, porém, mais uma vez, éramos as pessoas certas no lugar certo. Sempre teremos surpresas enquanto andarmos conforme a agenda de Deus.

Pouco tempo depois, o CD foi feito por nossa equipe da Jordânia. Cerca de 100 mil cópias foram enviadas pelo canal SAT-7 em pacotes às residências de indivíduos que manifestaram interesse em saber mais sobre Jesus em todo o Oriente Médio.

Nos dias seguintes, preparamos com cuidado o evento no Chipre. Hotel, som, toda a logística necessária e, principalmente, os custos foram apontados com primor pelo querido amigo Amer, que desde o princípio tem sido meu fiel colaborador no Oriente Médio.

Finalmente, enquanto voltava para o Brasil, pensei em toda essa longa e inusitada jornada, e, em especial, nos acontecimentos que cercavam o mundo ao meu redor. E foi desse modo que nasceu este cântico:

Mesmo que as trevas cubram a Terra
E a escuridão, os povos
Mesmo que lágrimas e pranto
Jorrem pelas portas das nações
Eu sei que a esperança, que é a única saída
Está com quem transforma o coração mudando a vida!

Eis que eu vos trago boas-novas
Novas de grande alegria
Eis que eu proclamo as boas-novas
Boas-novas que ao céu conduz
Eu proclamo a Jesus!
Proclamo a Jesus!

Mesmo que a dor e o sofrimento
Cresçam ao nosso derredor
Mesmo que o pecado e o tormento
Levem à destruição
Eu sei que a esperança, que é a única saída
Está com quem transforma o coração salvando a vida!

Quão formosos são os pés,
Quão formosos são os pés,

Quão formosos são os pés
Dos que anunciam boas-novas!

As circunstâncias em torno desta composição deram relevância à música, pois ela enfatiza o cerne de nossa missão como Igreja: transmitir as boas-novas da salvação em meio a um mundo caótico. Após esses acontecimentos, o mundo nunca mais foi o mesmo, porém nosso objetivo continua irretocável!

Boas-novas fez parte do disco *Vestes de Louvor*, lançado pela Life em 2004. Ao final da gravação dessa canção, que foi ao vivo, Jan Gottfridsson profetizou proclamando as boas-novas de salvação sobre todas as nações da Terra, junto a Igreja ali reunida.

Boas-novas

- Ano: 2003
- Compositor: Asaph Borba
- Gravação: CD *Vestes de Louvor*

Aos seus amados, Deus dá enquanto dormem

De 1996 a 2003, meu trabalho e ministério foram quase totalmente absorvidos pelos projetos internacionais. Cuba, Peru e Colômbia, na América Latina, também Jordânia e Israel, no Oriente Médio. O chamado e as necessidades eram tantos nessas regiões, que fui sendo cada vez mais convocado por Deus para trabalhar em diversas frentes nesses países.

Além de produção e gravação, passamos a atuar no treinamento de líderes e técnicos que pudessem dar continuidade aos muitos projetos que seriam implementados. À medida que o tempo passava, mais vínculos tínhamos com os irmãos de diferentes nações árabes, e a abrangência do que fazíamos tornava-se maior a cada ano. Era visível a bênção de Deus em cada área de atuação e trabalho desenvolvido.

Paralelamente, eu estava vivendo mudanças profundas em meu vínculo com a igreja em Porto Alegre. Mesmo tendo o total apoio ministerial de meus dois pastores, Moysés Moraes e Erasmo Ungaretti, comecei a perceber e vivenciar meu ministério extralocal com um enfoque diferente da visão praticada pelos líderes que haviam assumido a liderança da igreja. Eles achavam que o meu trabalho mundo afora estava desconectado do desenvolvido na igreja local, o que gerou um afastamento crescente, culminando no meu desligamento dos trabalhos locais, como cuidar da célula e do próprio ministério de louvor, do qual fui líder por mais de 20 anos.

Nesse tempo, deixei de receber sustento através da igreja, pois a liderança compreendia que, sendo meu ministério extra--local, dele deveria vir também minha subsistência. Isso, de certo modo, foi uma bênção, pois me ensinou a viver inteiramente pela fé, dependendo totalmente de Deus. Por outro lado, meu vínculo com a gravadora norte-americana Integrity Music, que produzia a série de discos de louvor e adoração sob o selo Hosanna! Music, e também com outros ministérios internacionais se estreitava. Em 1996, eu tinha gravado com a Integrity o disco *Rio de Vida*, o primeiro projeto deles realizado no Brasil e em língua portuguesa, que foi produzido por Mark Gasbarro, da Califórnia, no estúdio da Life, em Porto Alegre, e distribuído ao redor do mundo. Por ter acesso ao presidente da Integrity Music, Michael Coleman, como amigo pessoal, passei a ter a oportunidade e a liberdade de compartilhar com ele os objetivos e os projetos internacionais, os quais Coleman ajudou a concretizar com generosidade e amor. Primeiro, investindo em diferentes frentes de trabalho no Oriente Médio e, na sequência, no projeto na Colômbia. Nessa parceria, fui convidado para estar em uma das produções do cantor judeu messiânico Paul Wilbur, *Lion of Judah*, na cidade de Jerusalém, em Israel.

Entretanto, depois de muitos anos de trabalho no Oriente Médio e diversos projetos realizados com sucesso no mundo árabe, em diferentes segmentos, decidi que era hora de mudar a área de atuação e investimento. O desejo ampliou-se após uma viagem à Rússia, país em que a cristandade precisa de muita ajuda e apoio em vários aspectos.

Resolvi, então, ir mais uma vez à Jordânia a fim de despedir-me dos irmãos. Para minha surpresa, o grupo com o qual eu trabalhava, coordenado pelos amigos Amer Matalka e Nazih Omeish, pediu-me que, juntos, realizássemos um congresso de adoração antes que eu os deixasse. Esse seria o primeiro congresso de adoradores árabes no Oriente Médio, o qual já citei anteriormente, mas agora descrevo com mais detalhes. A ideia era convidar os líderes cristãos, especialmente das nações árabes, com quem tínhamos desenvolvido bons contatos no decorrer dos anos. O projeto era ousado e desafiador, mas aceitei e fomos em frente, pois ali Deus também plantou em meu coração uma visão profética.

Pouco tempo depois, fui aos Estados Unidos para visitar a Integrity Music, na sua sede em Mobile, no Alabama. Quando lá cheguei, compartilhei a ideia do congresso no meio dos árabes com Michael e seus colegas, e ele prontamente comentou:

— Queremos tanto participar quanto investir no evento!

Fiquei surpreso e extremamente feliz, pois o projeto tomaria outra envergadura. E assim aconteceu. Convidamos pessoas de dez nações árabes e essa foi a razão pela qual estive na Jordânia, no Egito e no Líbano em março de 2003, quando a Segunda Guerra do Golfo se tornou iminente. Também participariam do congresso líderes cristãos de outras nações, num total de dezessete países, marcando a presença dos cinco continentes: Ásia, África, Europa, Américas e Oceania.

O evento vinha de encontro às aspirações das igrejas de língua árabe. Músicos, cantores e muitos pastores se interessaram por estarem presentes no congresso, que aconteceria na ilha de Chipre, porque a guerra no Afeganistão já estava acontecendo e o governo americano dava indícios de atacar o Iraque, o que dificultava a organização e autorização para reuniões de maior porte no Oriente Médio, principalmente na Jordânia, onde era nossa opção inicial, e de onde grande parte dos participantes se originavam. Mesmo com todo esse contexto, sabíamos da importância em reunir os irmãos e começar a edificar um trono de louvor e adoração a Deus naquela região.

Depois de tudo pronto, tendo ido de nação em nação, de igreja em igreja, e visitado muitas lideranças, os convites estavam feitos e o hotel já estava reservado na linda cidade de Nicósia, capital da histórica ilha de Barnabé.

Mesmo com o início da guerra no Iraque enquanto estávamos preparando tudo no Chipre, seguimos com o projeto do congresso pela fé. Entretanto, eu ainda precisava fazer mais uma visita à região para formalizar os detalhes do evento, o qual seria realizado em setembro.

Então, conciliei mais uma viagem a Jordânia com o convite de um casal de amigos, Pekka e Anneli Tommola, da cidade de Kouvola, na Finlândia. Era a segunda vez que estaria no encontro de renovação Ruach Finland, realizado todos os anos, no início do verão. Eu iria para esse congresso e depois seguiria para Amã.

Poucos dias antes de partir, entretanto, em meados de junho de 2003, recebi uma notícia arrasadora. Mike ligou comunicando que a Integrity não poderia mais investir no projeto, pois como os Estados Unidos estavam em guerra com o Afeganistão e agora também com o Iraque, ninguém queria custear um projeto para árabes, mesmo que fossem cristãos.

Diante do novo quadro, e para não comprometer minha credibilidade com os irmãos, decidi levantar os recursos no Brasil. Algumas igrejas se dispuseram a ajudar, mas o valor arrecadado com as ofertas não supriria nem a metade das necessidades, pois havíamos prometido arcar com passagens aéreas, vistos, hotel e alimentação. Nem por isso, todavia, desisti do evento. Tinha fé na provisão de Deus, e fui à luta! Vendi meu carro para ampliar um pouco o caixa, e viajei para replanejar tudo com os amigos de Amã. A ideia era cortar custos e fazer o encontro de maneira simples em uma das igrejas da Jordânia. A verba disponível serviria para as passagens, e eu contaria com a generosidade dos irmãos para as hospedagens. O difícil era cancelar tudo na ilha de Chipre, pois haveria multas contratuais.

238   A HISTÓRIA POR TRÁS DA MÚSICA

Quando já estava no encontro da Finlândia, na reunião do início da tarde do sábado, ministrei uma palavra sobre *Jeová Jiré*, o Deus da provisão. Enquanto palestrava, lembrei-me do congresso e entendi que a palavra também era para mim. Tive a certeza que, mesmo sem a ajuda prometida da Integrity, Deus proveria tudo para o evento!

À noite, ao chegar ao local onde estava hospedado, vi que tinha recebido um e-mail de Michael Coleman, no qual se lia: "Ligue urgente para mim." Na mesma hora, peguei o telefone e liguei. Do outro lado da linha, eufórico, Mike declarou:

— Não desmarque nada, pois Deus nos mandou o dinheiro. Encontrei um amigo empresário cristão, que não via há muito tempo, em uma livraria evangélica e ele simplesmente perguntou se eu tinha algum projeto no qual ele pudesse investir. Contei do congresso árabe e ele prontamente fez o cheque!

A soma declarada por Mike pagava o congresso e ainda sobraria para outros eventos. Fui dormir com um misto de êxtase e euforia, o que não me deixava pregar os olhos. Assim, simplesmente veio à mente o texto de Salmos 127:2: "Inútil vos será levantar de madrugada, repousar tarde, comer o pão que penosamente granjeastes; aos seus amados ele o dá enquanto dormem." Levantei e comecei a escrever esta poesia, que musiquei no dia seguinte:

> *Eu clamo a ti, ó meu Senhor e Deus!*
> *O Deus da minha provisão*
> *Desde a minha mocidade, posso dizer de verdade*
> *Jamais eu vi o justo mendigar o pão!*
>
> *Eu clamo a ti, ó meu Senhor e Deus!*
> *O Deus que nada me deixa faltar*
> *E se hoje minha medida é recalcada e sacudida*
> *Eu sei que ainda há de transbordar!*
>
> *Pois meu Senhor prepara uma mesa*
> *Com abundância de vinho e pão*

AOS SEUS AMADOS, DEUS DÁ ENQUANTO DORMEM   **239**

O Deus que, em sua glória e riqueza,
Pra tudo e para todos tem a provisão
Jeová Jiré é quem manda o orvalho,
A chuva serôdia e a temporã
Me faz descansar em plena paz,
Pois manda o maná cada manhã!
Aos seus amados, Deus dá enquanto dormem,
Aos seus amados, Deus dá enquanto dormem!

Sempre que me lembro dessa canção, reafirmo a provisão de Deus para nossa vida e ministério. O Senhor continua o mesmo em qualquer projeto que esteja de acordo com sua vontade. Ele é o nosso *Jeová Jiré*!

O primeiro congresso de adoração entre os árabes foi sobrenatural. Todos estavam como quem sonha. Até hoje, é possível sentir, no Oriente Médio, as marcas daquele evento. A visão da verdadeira adoração, como a que o Pai procura, espalhou-se pela região. Existem muitos grupos de louvor e adoração originados diretamente desse congresso, o qual foi suprido por Deus de forma tão maravilhosa e inesperada!

Gravei esse cântico pela primeira vez no disco *Vestes de Louvor*, da Life, com o arranjo de piano do amigo Nilson Ferreira, em 2004. A canção também fez parte da coletânea do CD *O Adorador e sua Família – Adoração e Louvor Vol. 8*, do congresso Louvor Profético 2006. Em 2012, a regravei no CD *Eu Escolhi Jesus*, da Som Livre, com arranjo de Alexandre Vieira.

Aos seus amados, Deus dá enquanto dormem

- Ano: 2003
- Compositor: Asaph Borba
- Gravações: CD *Vestes de Louvor*; CD *Eu Escolhi Jesus*

Meu coração é teu

(Quanto ao Senhor)

Uma das pessoas que abençoou e influenciou a história de minha vida e ministério, por mais de dez anos seguidos, foi Michael Coleman, como já mencionei, presidente e co-fundador da Integrity Music, produtora e gravadora cristã norte-americana de grande relevância, especialmente do final dos anos 1980 até a primeira década do novo milênio. A parceria com Mike, com a gravadora e também com o Integrity Worship Institute (Instituto Integrity de Adoração), a escola ministerial da Integrity, da qual participei como aluno e também professor, deram suporte, apoio para projetos e até inspiração para novos cânticos.

Em 2000, decidimos fazer congressos de adoração pelo mundo todo. Em parceria com o amigo Massao Suguihara e alguns outros irmãos, no Brasil e no exterior, idealizamos juntos com a Integrity o primeiro congresso, que recebeu o nome de Conferência Adoração e Adoradores, e foi realizada em janeiro de 2001, na Estância Árvore da Vida, em Sumaré, no interior de São Paulo. A abrangência global da gravadora Integrity ajudava a abrir portas em toda parte. Com essa parceria de credibilidade, pessoas de diversas regiões buscavam estar perto de ministros de louvor como Paul Wilbur e Don Moen, entre outros ícones da época. As conferências passaram a ser anuais e, a partir de 2002, também começaram a ser ministrados anualmente os módulos de ensino do Instituto Integrity de Adoração, aqui no Brasil, através da mesma parceria iniciada nas conferências.

Em 2004, durante a ministração de uma das aulas de um módulo do Instituto, em um momento de muita inspiração, Mike Coleman meditou por um longo tempo no texto de 2Crônicas 16:9: "Porque, quanto ao SENHOR, seus olhos passam por toda a Terra, para mostrar-se forte para com aqueles cujo coração é totalmente dele...." Como forte revelação de Deus, entendi que o importante para o Senhor não era a performance nem a grandiosidade de nossas realizações, mas a integridade dos corações. O foco principal é sempre a motivação por trás de cada uma de nossas atitudes.

Naquela manhã inesquecível, refleti sobre o quanto meu coração se deixava enganar e corromper, como declara o profeta, em Jeremias 17:9: "Enganoso é o coração, mais do que todas as coisas, e desesperadamente corrupto; quem o conhecerá?" Pude, como poucas vezes o fiz, sondar meu coração e ver que eu ainda precisava mudar para ser totalmente de Deus. Daquele dia em diante, o texto de 2Crônicas 16:9 ficou gravado em meu espírito para sempre.

Quando voltei para casa, continuei meditando sobre essa palavra, tentando musicá-la, até que, um dia, recebi um irmão que precisava de ajuda e de conselhos. Subitamente peguei o violão, e enquanto o aconselhava a entregar a vida ao Senhor, a música fluiu naturalmente. Então, acrescentei ao final a expressão "meu coração é teu".

Quanto ao Senhor
Seus olhos passam por toda a Terra
Para mostrar-se forte,
Para mostrar-se forte!

242 A HISTÓRIA POR TRÁS DA MÚSICA

Para com aqueles cujo coração
É totalmente dele,
É totalmente dele!

Meu coração é teu,
Meu coração é teu, meu Senhor!

Desde que compus essa canção, ela se tornou uma referência do meu posicionamento perante Deus e símbolo do compromisso inabalável de dedicar meu coração integralmente ao Senhor todos os dias. Foi um dos cânticos fundamentais naquela época de expansão ministerial, de crescimento pessoal, e também de muitas mudanças. E, como sabemos, sempre que existe necessidade de mudanças, ocorrem pressões e conflitos, portanto é preciso manter o coração firmado no Senhor.

Passei a ensinar a música por todo lugar onde ministrava no Brasil. Certo dia, recebi um vídeo do YouTube no qual uma menina, do interior da Bélgica, entoava esse cântico com muita graça e doçura, em uma versão própria para o inglês, *My Heart is Yours, oh, Lord! (Meu coração é teu, ó, Senhor!)*, o que me surpreendeu e me encheu de alegria, pois o cântico estava indo além das fronteiras, através da internet.

A primeira gravação dessa canção foi feita por minha irmã Carmélia, em seu segundo disco solo *Fala, Deus*, em 2004, pela Life. Em 2006, a gravei com minha Rosana em nosso CD *Semelhantes a Jesus*. Neste mesmo ano, a canção fez parte do repertório da gravação do CD/ DVD *30 Anos de Louvor e Adoração*, da Life, e foi cantada com a participação de Fernandinho. Em Goiânia, o Ministério Frutos da Vide gravou essa música em seu primeiro trabalho, o CD *Conquista*. Em 2012, cantei essa canção com Carisma Greenwell, em seu CD *Leva-me de Volta*. Ainda nesse ano, fez parte do CD do livro *Adoração: quando a fé se torna amor*, que gravei, com o amigo João Batista dos Santos, versão violão e voz. A canção foi gravada, em 2015, com uma nova versão para a língua inglesa, por Don Stoll, que se tornou a versão oficial, a qual passei a ensinar mundo afora. E, em 2017, gravei-a com o cantor Junior Santos Rosa em seu EP *Deus*, disponível no Spotify.

Meu coração é teu (Quanto ao Senhor)

- Ano: 2004
- Compositor: Asaph Borba
- Gravações: CD *Fala, Deus*; CD *Semelhantes a Jesus*; CD/DVD *30 Anos de Louvor e Adoração*; CD do livro *Adoração: quando a fé se torna amor*; CD do livro *A Life of Worship: When Faith Becomes Love* (versão em inglês)

CANÇÃO 52

A chama nunca se apaga

A rotina de vida, família e ministério vai se avolumando a cada ano. A tendência natural é automatizar o máximo possível as demandas, para que elas se tornem mais leves e fáceis de administrar. Entretanto, quando se leva tudo com seriedade e intensidade, como minha esposa e eu fazemos, é difícil não se sobrecarregar. Muitas vezes fomos tomados pela sensação de carregar mais do que podíamos suportar, pois estávamos repletos de trabalhos e atuando em diferentes frentes.

Nessa época de minha vida, comecei a dar suporte a algumas congregações, igrejas locais, lideradas por amigos e irmãos que conheço há muito tempo, aos quais amo. Porém, cuidar de suas vidas e ajudar a administrar os problemas nas congregações que pastoreavam aumentava ainda mais a pressão sobre meu espírito. Tudo isso acabava me tirando o sono e, com frequência, limitava também minha motivação, meu ânimo e, principalmente, minha inspiração. Eu estava no auge de meus projetos no Oriente Médio e, em poucas semanas, realizaria dois congressos: um na Jordânia, outro no Egito.

Em uma determinada noite naquele período, eu perdi o sono. Fui silenciosamente ao escritório e comecei a orar, apresentando

A CHAMA NUNCA SE APAGA **245**

a Deus toda a carga que pesava dentro de mim: as situações, as pessoas, os congressos, as produções, as frustrações etc. Naquele momento, edificou-se um verdadeiro altar de intercessão e de petições que derramavam de meu coração. Enquanto eu orava, o descanso do Senhor inundou o meu ser e a prece foi se tornando adoração. Senti como se uma chama reacendesse. Tudo, então, transformou-se em melodia e em expressões de louvor, resultado da presença simples e pura de Deus, a qual podia ser sentida plenamente ao meu redor. Assim, sentei-me ao teclado e comecei a escrever e a cantar essa canção.

À medida que cantava, ia entendendo que não é a simples solução dos problemas ou a diminuição da sobrecarga que faz a diferença, mas, sim, a intensidade com que recorremos à fonte eterna no decorrer de nossa vida, sobretudo nas horas de aperto. Os problemas, por certo, vão continuar a aparecer, mas o que nos revigora e mantém a chama acesa em nosso coração é percebermos e desfrutarmos a presença viva de Deus conosco.

Naquele dia, tive a convicção de que, não importa a hora, nem a circunstância, nem o lugar, o diferencial é se estamos nos enchendo da fonte eterna do Pai, a qual está a nosso dispor e sempre nos reanima e fortalece.

Porque tu estás presente, o instante fica eterno
Tudo que é passageiro perde todo seu valor
Pela fé, eu estou certo de que tu estás bem perto
E o que me importa és tu, Jesus!

Porque tu estás presente, a incerteza se dissipa
Todo medo se desfaz dentro do meu coração
Pois contigo eu sou inteiro, para mim tu és o primeiro
Tu completas tudo em mim, Jesus!

Porque tu estás presente, a chama nunca se apaga
Tua presença me envolve, és a minha fonte eterna

246 A HISTÓRIA POR TRÁS DA MÚSICA

Fonte eterna de alegria, fonte eterna de amor
Fonte eterna, meu Senhor
Fonte eterna, meu Senhor
Fonte eterna, meu Senhor Jesus!

Fiz uma gravação caseira da nova música para não esquecer nenhum detalhe, e deixei o CD sobre a bancada do escritório. Então, alguns dias depois, viajei para o Oriente Médio. Enquanto estava por lá, Aurora achou o disco, que tinha os dizeres "música nova", e pediu para ouvi-lo. Rosana contou que, quando escutaram a nova canção, a presença de Deus encheu a casa. O mesmo sentimento de descanso e refrigério que tive ao compor foi experimentado por minha família.

Esse cântico, desde sua composição, tem sido um instrumento de Deus para a renovação de vidas que estão cansadas e sobrecarregadas. É importante aprendermos a nos dirigir à fonte, como Jesus proclama em Mateus 11:28-30:

> Vinde a mim, todos os que estais cansados e sobrecarregados, e eu vos aliviarei. Tomai sobre vós o meu jugo e aprendei de mim, porque sou manso e humilde de coração; e achareis descanso para a vossa alma. Porque o meu jugo é suave, e o meu fardo é leve.

A canção intitulou o disco no qual foi gravada em 2008, pela Life, *A Chama Nunca se Apaga*, e foi cantada por Rosana e eu. Nos anos seguintes, a música ganhou duas versões para o espanhol: uma na Argentina e, outra, no Chile. As versões são usadas por nós em nossas ministrações naqueles países, e também com os hispânicos nos Estados Unidos. Em 2010, gravei a canção ao vivo com o grupo português Voz de Júbilo no CD/DVD *Move-te*, em Almada, Portugal. Cantei essa música, em 2011, com Juarez Casagrande, no CD *Vaso Novo*, do Ministério Restauração, feito com o intuito de angariar fundos para a Casa de Recuperação

Projeto Restauração de Umuarama, no Paraná. A canção fez parte do CD do livro *Adoração: quando a fé se torna amor*, que gravei, com o amigo João Batista dos Santos, versão violão e voz, em 2012. E, em 2015, ganhou versão e gravação em língua inglesa, por Don Stoll.

A chama nunca se apaga

- Ano: 2005
- Compositor: Asaph Borba
- Gravações: CD *A Chama Nunca se Apaga*; CD do livro *Adoração: quando a fé se torna amor*; CD do livro *A Life of Worship: When Faith Becomes Love* (versão em inglês)

Não deixes teu sonho morrer

Nossa jornada com a Aurora tem sido exatamente como se vê no texto de Provérbios 4:18: "Mas a vereda dos justos é como a luz da aurora, que vai brilhando mais e mais até ser dia perfeito." Mesmo com uma série de deficiências, em razão da síndrome de Prader-Willi, nossa filha, com muita coragem, tem vencido muitos desafios e superado seus limites. Seu desenvolvimento, apoiado por nós e pelas pessoas que nos cercaram e ajudaram, superou todas as expectativas.

Ao completar quinze anos, Aurora formou-se no Ensino Fundamental, na Escola Cristã da Brasa, em Porto Alegre, concluindo uma importante etapa de sua vida. Mais que aprender a ler e escrever, nossa filha calculava e interpretava textos, dando conta esforçadamente dos diversos conteúdos das matérias no colégio. Era uma alegria vê-la vencer cada um dos desafios em seu aprendizado. Entretanto, seu desenvolvimento emocional ainda era bastante limitado, por isso decidimos que Aurora não daria continuidade aos estudos formais. Avaliamos que seria extremamente penoso, para ela e para nós, especialmente para Rosana, que nos últimos anos estudava diariamente com Aurora cerca de quatro horas por dia, chegando a sete horas no fim de semana, fora o turno regular na escola. Além disso, precisaria seguir em outro colégio onde houvesse Ensino Médio e que tivesse condições para trabalhar com inclusão. Depois de sete anos de convivência onde se formou, ela teria que enfrentar um processo de adaptação com tudo novo ao seu redor: colegas, professores e funcionários. Considerando suas limitações e, também, sua inocência, julgamos que essa situação exigiria um esforço extremo e ofereceria muitos riscos com poucos benefícios. Então, Aurora seguiu estudando, fora do ensino regular, no método Kumon, além de inglês, piano, dança e outras atividades físicas. Dessa maneira, ela pôde participar muito mais dos programas da igreja, o que a intensidade dos estudos não lhe permitia, e ainda, pôde integrar-se mais com os adolescentes da congregação, o que lhe trouxe grande alegria.

Quando Aurora estava para completar dezoito anos, o querido casal de pastores da Igreja Evangélica Casa do Senhor, em São Luís do Maranhão, Tomaz e Nazaré Pinheiro, aconselhou-me a buscar a interdição judicial dos seus direitos civis, já que ela compreendia parcialmente o mundo ao seu redor, podendo com a maioridade tornar-se vítima de sua ingenuidade e limitação. Dessa forma, poderíamos protegê-la nos tornando seus curadores, ou seja, seus representantes legais.

Então, pouco tempo depois, decidimos encaminhar a interdição. O processo, conduzido na vara de família de Porto Alegre, exigia laudos e uma representação jurídica, que ficou a cargo do amigo advogado Dr. Claiton Roll.

Nossos pastores, sempre presentes, nos amparavam, em vista do desgaste emocional que um processo como esse traz para a família. Quando uma filha está para completar a maioridade civil, pais e mães naturalmente começam a sonhar com formatura, casamento, viagens e independência; enquanto nós vivíamos a realidade da limitação e necessária interdição de nossa amada

Aurora. Enquanto o processo tramitava, fiquei um tanto apreensivo, pois sabia que era definitivo, e isso pesava em meu coração.

Então, em abril de 2009, eu fui ministrar na Comunidade Evangélica de Araçatuba, São Paulo, em um congresso no qual um querido companheiro de ministério, o pastor norte-americano Mike Herron, pregou sobre sonhos e entoou um cântico cujo coro dizia: *Don't let your dreams die* (Não deixe seus sonhos morrerem). A linda música destacava a vida de José do Egito. Ao tentar traduzi-la, não consegui ajustar a melodia à letra, o que me fez desistir. Porém, começou a surgir com naturalidade uma poesia distinta inspirada no tema. Enquanto escrevia a letra, lembrei-me da situação da Aurora e de como ela representava um sonho em nossas vidas, o qual não podia morrer. Depois de duas estrofes, incluí também o versículo 4 do Salmo 37, que diz: "Agrada-te do Senhor, e ele satisfará os desejos do teu coração."

Seis meses depois, enfim chegou o dia da audiência com a juíza da vara de família. Nossa filha foi chamada em separado, acompanhada do advogado da família. Poucos minutos depois, Rosana e eu entramos e a juíza leu a sentença:

— Aurora, você está perdendo toda a autonomia com respeito aos seus direitos civis. Ficará, então, privada da gestão de seus recursos financeiros e de sua herança, e não precisará votar — encerrou a magistrada.

Daquele momento em diante, nossa menina teria sempre um curador para responder legalmente por seus atos e direitos. Tudo em sua vida passava a ocorrer por meio de representantes legais. Porém, no fim da audiência, Rosana perguntou:

— E se ela for curada, doutora, o processo pode ser revertido?

Com certo espanto, a juíza respondeu que sim. Disse que a própria Aurora poderia mover esse novo processo, apresentando os laudos para comprovação da cura. O questionamento de minha esposa mostrava, com clareza, que o sonho da completa restauração de nossa filha não morreria com aquela sentença;

pelo contrário, continuaríamos crendo que Deus, a qualquer momento, pode fazer um milagre.

À noite, lembrei-me da poesia guardada em meu caderno. Então, peguei aquela letra escrita alguns meses antes, enquanto aquele processo de interdição transcorria na Justiça e, sentado na cama com meus filhos e esposa, a melodia começou a fluir em meus lábios:

Quando Deus põe um sonho no teu coração
Você o segura, acalenta em suas mãos
Mesmo sendo invisível, algo impossível
Foi Deus quem te fez sonhar!

Quando Deus põe um sonho no teu coração
Eu sei que ele mesmo te ajudará
Pois dele é o querer e o realizar
Foi Deus quem te fez sonhar!

Não deixes teu sonho morrer
Não deixes teu sonho acabar
Deus já planejou, ele já preparou
O caminho que tens a trilhar!

Não deixes teu sonho morrer
Não deixes teu sonho acabar
Só Deus tem a hora, amanhã ou agora
Pro teu sonho se realizar
Teu sonho vai se realizar!

Agrada-te do Senhor e ele satisfará
Os desejos e sonhos, projetos e planos
Que estão em teu coração!

Assim nascia mais uma canção, da qual nossa filha Aurora era a protagonista, pontuando uma experiência muito especial em nossa casa. Certamente, tratava-se de um registro marcante da continuidade da crença no poder e na soberania de nosso querido Pai.

As limitações enfrentadas por nossa filha têm sido transformadas por Deus, maravilhosamente, em grandes bênçãos e em fonte de inspiração. *Não deixes teu sonho morrer* foi gravada, por Rosana e eu, no disco *Quero Ser Encontrado Fiel*, lançado em 2010 pela Life. Também nesse ano, essa canção foi incluída na gravação ao vivo do Ministério Tua Alma Viverá (TAV), da IPI de Dourados, Mato Grosso do Sul, em seu CD/DVD *O Teu Amor Tocou-me*, com o querido pastor Paul Trew ao violão.

Não deixes teu sonho morrer

- Ano: 2009
- Compositor: Asaph Borba
- Gravação: CD *Quero Ser Encontrado Fiel*

Deixa a tua luz brilhar

Em novembro de 2007, prestei vestibular no Centro Universitário Metodista — IPA, em Porto Alegre e, em 2008, ingressei na faculdade de Jornalismo, o que era um sonho antigo, uma meta desafiadora e, sobretudo, uma busca por crescimento. Nem eu sabia que, voltando a estudar, muito se desenvolveria e mudaria em mim.

A comunicação com o mundo ao meu redor tomou outro vulto. Passei a conviver bastante com pessoas diferentes das que normalmente eu encontrava nas igrejas. Com o novo grupo, eu era levado a analisar meus conceitos e valores cristãos de uma outra forma. Interagir com pessoas que nada sabiam sobre Deus, as quais tinham fortes argumentos contra o cristianismo, tornou-se um desafio.

O jornalismo trabalha, basicamente, com duas vertentes: a narrativa dos fatos e a sua análise verdadeira e crua. Quem escolhe essa carreira pode, portanto, tornar-se bastante crítico, deixando pouco espaço para coisas espirituais e transcendentais. À medida que o tempo passava, aumentava em mim a necessidade de uma autoavaliação constante, sempre

254 A HISTÓRIA POR TRÁS DA MÚSICA

me perguntando se, diante dos fatos, as verdades de Deus em minha vida continuavam as mesmas e em lugar de destaque, intensas em meu coração.

Depois de estudar Antropologia, Religião, Filosofia, Psicologia, e os pensamentos que moldaram a Sociologia e o comportamento moderno, precisava constantemente reafirmar minhas convicções acerca das verdades sobrenaturais de Deus. Descobri, também, o quanto era difícil testemunhar no meio acadêmico, por ser um ambiente onde o pensamento é extremamente racional para compreender a fé.

No segundo ano de faculdade, aproveitei um fim de semana e fui a um evento na Igreja Sal da Terra, em Uberlândia. Fiquei hospedado na casa do pastor e amigo Olgálvaro Júnior. No fim da tarde, antes de ir para a reunião, ao passar pela sala, notei que era reproduzido, na TV, um DVD da Igreja Hillsong, da Austrália. Viam-se, na tela, centenas de velas acesas em um ambiente escuro. Não ouvi propriamente a música, mas observei a cena e li a tradução na legenda da TV: "Deixa a tua luz brilhar!"

Naquele instante, o Senhor falou ao meu coração. Eu sabia que se tratava de uma diretriz de Deus para o momento emblemático que eu vivia. Tudo o que realmente importava era ser sua luz e sua testemunha em minha faculdade e no mundo. Os estudos que estavam à minha frente ou minhas realizações como músico cristão não eram tão relevantes, quanto deixar a luz de Deus brilhar em mim. O Sermão do Monte, em Mateus 5:14-16, veio ilustrar a revelação:

> Vós sois a luz do mundo. Não se pode esconder a cidade edificada sobre um monte; nem se acende uma candeia para colocá-la debaixo do alqueire, mas no velador, e alumia a todos os que se encontram na casa. Assim brilhe também a vossa luz diante dos homens, para que vejam as vossas boas obras e glorifiquem a vosso Pai que está nos céus.

Depois disso, comecei a recordar as diferentes referências bíblicas que citam a importância de ser luz, e tudo fez sentido. Mesmo com os questionamentos relacionados ao ambiente secular e mundano ao meu redor, o que importava para Deus era a manutenção da sua luz na minha vida. Lembrei-me que na época em que voltei a estudar, depois da minha converção e quando larguei as drogas, havia deixado a marca de meu testemunho em muitos corações, os quais entregaram suas vidas a Jesus e ainda hoje o seguem.

Algum tempo depois, ainda com essa mensagem vívida na mente, em um intervalo de aula na faculdade, escrevi esta canção, que norteou os demais anos que passei ali estudando:

Deixa a tua luz brilhar, tua luz brilhar
Deixa a luz, tua luz, brilhar!
Pois assim, ao teu redor, trevas já não haverá
Deixa a luz, tua luz, brilhar!

As trevas cobrem a Terra e a escuridão, os povos
Mas para os que temem o nome do Senhor
Brilhará o sol da justiça
Assim, quem está em trevas a tua luz verá
Deixa a luz, tua luz, brilhar!

Não se pode esconder a luz quando ela brilha
Se somos luz do mundo,
Temos que brilhar
Jesus é a nossa luz, ele nos iluminou
Deixa a luz, tua luz, brilhar!

Nosso Deus é luz, nele não há treva alguma
E nós, como seus filhos,
Temos que andar na luz
Se andarmos na luz como ele está na luz
Deixaremos sua luz brilhar!

256 A HISTÓRIA POR TRÁS DA MÚSICA

Impossível cantar essa música e não relembrar aquele período. Diversas vezes, a cantarolei baixinho em sala de aula. A canção também serviu como testemunho em muitos lugares por onde passei e contei sua história. Durante a gravação de *Deixa a tua luz brilhar*, incluída no disco *Quero Ser Encontrado Fiel*, lançado em 2010, levei alguns colegas de aula ao estúdio da Life e pude testemunhar do amor de Deus. Naquele momento, eu percebi nitidamente como a luz de Cristo brilhava em minha vida.

Nos quatro anos de universidade, meus colegas e professores ouviram acerca de Cristo. Inúmeras vezes testemunhei abertamente em sala de aula, e todos os meus trabalhos e textos versaram sobre a minha fé.

Deixa a tua luz brilhar

- Ano: 2009
- Compositor: Asaph Borba
- Gravação: CD *Quero Ser Encontrado Fiel*

Quero ser encontrado fiel

O pequeno camarim da Rede Internacional de Televisão (RIT TV), emissora do grupo midiático da Igreja Internacional da Graça de Deus, liderada pelo missionário R. R. Soares no Rio de Janeiro, estava abarrotado de gente. A tarde nublada e chuvosa marcava a gravação de diversos programas musicais com diferentes cantores, expoentes do cenário musical cristão nacional da época, entre eles Thalles Roberto, que estava no início de sua carreira, e meu amigo Marcus Salles, além de mim. No estúdio, estavam também os produtores com um *staff* de músicos, vocalistas e um contingente responsável por assessorar a gravação de cada programa, que, embora durasse apenas cinquenta minutos, levava cerca de duas horas para ser produzido.

Meu grupo de músicos, liderado por um discípulo carioca, Willy Bretas, apesar de tocar comigo há bastante tempo, claramente demonstrava ansiedade quanto ao programa. Mesmo que a gravação não iria direto ao ar, seria veiculada em rede nacional durante todo o mês e, depois, em diferentes horários no ano.

Nos camarins, onde nos arrumávamos enquanto o estúdio era preparado, circulavam maquiadores, figurinistas e produtores com muitas perguntas; e tudo isso para o bom andamento da programação. Além disso, equipes do telejornal, dos canais da internet e também da rádio queriam gerar algum tipo de conteúdo midiático, aproveitando nossa presença na emissora. Foi quando Thalles, Marcus e eu começamos a conversar, contando o que Deus vinha fazendo em nossas vidas e no ministério de cada um.

Alguém, então, perguntou o que eu estava produzindo de relevante. Na hora, pensei em muitas coisas: nos encontros árabes, nos congressos, nas gravações, mas procurei destacar que, independentemente das realizações, eu queria, de verdade, ser encontrado fiel a Deus. O texto de 1Coríntios 4:2, que eu havia lido poucos dias antes, veio à mente: "... o que se requer dos despenseiros é que cada um deles seja encontrado fiel". Assim, comecei a compartilhar com eles o desafio diário de um mordomo de Deus, que luta constantemente para ser fiel desde as pequeninas coisas.

Eu estava ali com dois jovens preciosos, em seu início de ministério, com grandes acontecimentos e diversas oportunidades em vista, e pude, de forma simples, compartilhar a bênção de ser fiel a Deus a cada dia, bem como ao chamado, aos irmãos, à esposa e a tudo o mais que o Senhor havia confiado a mim. Alguns dias depois, já em casa, pensando nos aspectos em que eu precisava ser encontrado fiel, nasceu este cântico:

> *Não ando à procura de grandes coisas,*
> *De grandes obras ou realizações*
> *Não ando à procura das riquezas*
> *Que atraem as mentes e os corações*
> *Mas quero buscar a pérola preciosa,*
> *A que tem real valor*
> *E encontrar o tesouro invisível*
> *É pra onde eu corro e vou!*
>
> *Eu quero ser, quero ser encontrado fiel*
> *Eu quero ser, quero ser encontrado fiel*

Fiel à tua Palavra, fiel ao teu chamar,
Fiel ao teu propósito, fiel em proclamar!

Fiel em te adorar, te adorar
Ser fiel em te adorar!
Te adorar, te adorar
Ser fiel em te adorar!

Não ando à procura de grandes coisas,
De grandes obras ou realizações
Não ando à procura dos falsos valores
Que se perdem em meio às gerações
Mas quero alcançar os sedentos,
Saciá-los com teu rio de amor
Multiplicar os talentos
Que me confiaste, Senhor!

Fiel à tua Palavra, fiel ao teu chamar,
Fiel ao teu propósito, fiel em proclamar!

Fiel em te adorar, te adorar
Ser fiel em te adorar!
Te adorar, te adorar
Quero ser encontrado fiel
Fiel em te adorar!

Por enfatizar o verdadeiro alvo e a virtude a ser encontrada por Deus no coração de cada um dos discípulos, esta foi a música principal do CD de mesmo nome, *Quero Ser Encontrado Fiel*, lançado em 2010 pela Life.

Naquele período, já no terceiro ano da faculdade de Jornalismo, o desafio da fidelidade era diário e constante, diante da incredulidade e da distorção de princípios com que somos confrontados na vida acadêmica. Se, entretanto, a fidelidade a Deus for um firme propósito em nossa vida, ele mesmo revestirá de força

260 A HISTÓRIA POR TRÁS DA MÚSICA

todo aquele que, a despeito dos desafios, buscar em tudo ser fiel. Por isso mesmo, convidei o precioso amigo e cantor Fernandinho para interpretar essa música comigo no novo CD, pois sabia que esse também era o alvo do seu coração.

Quero ser encontrado fiel

- Ano: 2010
- Compositor: Asaph Borba
- Gravação: CD *Quero Ser Encontrado Fiel*

Rastros de amor

No início de 2011, no último ano da faculdade, recebi um convite da gravadora Som Livre para produzir um CD e um DVD. A gravação seria ao vivo e contaria com a participação de vários convidados, escolhidos entre meus amigos de caminhada e de ministério, do passado e do presente.

O projeto era respaldado pela equipe técnica do Ministério de Louvor Diante do Trono, de Belo Horizonte, Minas Gerais, e o evento contaria com a presença de sua líder, a amiga Ana Paula Valadão Bessa. O trabalho dispunha de um bom investimento da gravadora, ligada à Rede Globo, o que viabilizava um aparato técnico e musical de primeira qualidade, sem precedentes em minha carreira até então.

Os ensaios começaram no mês de março daquele ano, em Porto Alegre, sendo coordenados por João Batista dos Santos, que assumiu a produção musical. A direção geral foi de André Espíndola, diretor técnico do Diante do Trono na época, que eu conhecia desde menino, e a produção executiva ficou com um irmão de Belo Horizonte, Jurandy Monteiro Júnior, gerente do mesmo ministério no período. E, ainda, Tiago Espíndola foi designado para direção de vídeo.

À medida que o projeto foi tomando forma, a empolgação crescia em todos os envolvidos. A Primeira Igreja Batista de Curitiba seria o palco do evento. Os pastores Paschoal Piragine Júnior e Paulo Davi e Silva abriram as portas para essa produção, que marcaria a comemoração dos 35 anos de meu ministério, isto é, de meu serviço ao Senhor. Amigos e professores do meu último ano de faculdade engajaram-se também na preparação e na divulgação do evento, que inaugurava minha entrada definitiva nas novas mídias sociais, plataformas digitais, como Twitter, Instagram, Facebook e YouTube.

A lista de músicas para a gravação foi escolhida por amigos de todo o Brasil, por meio das redes sociais. Milhares de pessoas votavam em uma grande lista, encabeçada pelas populares: *Infinitamente mais*, *Alto preço* e *Jesus, em tua presença*. Optei por essa forma de seleção para que a Igreja, sempre foco de meu ministério, participasse da difícil escolha. Entretanto, no decorrer dos ensaios, comecei a pensar que o trabalho carecia de uma música que sintetizasse aquele projeto tão significativo para mim.

Com esse desejo no coração, passei a recordar tantas coisas vividas e o preço que tive de pagar, de alguma forma, para manter-me nos caminhos do Senhor até aquele momento. Rosana e eu abrimos mão de muitos sonhos e desejos pessoais a fim de cumprir o chamado de Deus abençoando assim inúmeras vidas, igrejas, cidades e nações!

Lembrei-me, ainda, de um fato envolvendo minha filha Aurora. Certa vez, durante um passeio na praia, notei que ela tinha dificuldade para andar em seu grande triciclo, mesmo que devidamente adaptado a suas necessidades. Percebi, todavia, que ela conseguiria prosseguir se eu caminhasse alguns metros adiante, deixando pegadas firmes na areia, as quais Aurora poderia seguir com facilidade. E assim o fiz! Então, pensando sobre todas estas coisas, uma letra foi surgindo em minha mente, tendo a expressão "quem vê de longe não sabe" como princípio.

RASTROS DE AMOR **263**

Poucos dias depois, quando estava com o querido Rodrigo Gutierrez em Umuarama, no Paraná, a música enfim desenvolveu-se por completo, na casa do amigo Juarez Casagrande. O coro da canção salienta o quanto busquei sempre seguir os rastros de Cristo, através do exemplo das vidas que me cuidaram demonstrando o amor dele; sendo esses os rastros de amor que quero deixar para que outros possam fazer o mesmo. A poesia, inspirada por Deus em meu coração, também enfatiza quão passageiro é o brilho do mundo, mas os rastros que deixamos são permanentes. Como disse um discípulo amado, Sóstenes Mendes: "O justo é fácil de ser seguido, pois seus rastros são bem definidos."

Quem vê de longe não sabe,
Não sabe o quanto eu andei
Quem vê de longe não sabe,
Não sabe o quanto eu chorei
Quem vê de longe não sabe o caminho
Estreito no qual passei
Pra seguir as pegadas de Cristo,
O rastro de quem me amou!

Quem vê de longe não sabe,
Não sabe o que eu já vivi
Quem vê de longe não sabe,
Não sabe o quanto aprendi
Quem vê de longe não sabe o caminho
Que Deus me ajudou trilhar
Pra deixar as pegadas na areia
E assim outros pudessem passar
Assim outros pudessem passar!

Rastros de amor foi o que eu segui
Rastros de amor quero deixar aqui
Acima de todo o brilho do mundo,
O exemplo é o que deve ficar

Para que aqueles que seguem meus passos
Nunca venham a se desviar!

Rastros de amor foi o que eu segui
Rastros de amor quero deixar aqui
Acima de todo o brilho do mundo,
O exemplo é o que deve ficar
Para que aqueles que seguem meus passos
Nunca venham a se perder!
E como Jesus possam ser!

Rastros de amor tornou-se a música de abertura do projeto e também deu nome ao CD/DVD. O arranjo suave da canção foi feito com violões bem executados pelos competentes João Batista dos Santos e Alexandre Vieira. Além deles, o instrumental da gravação contou com: Abner Borba, André Borba, Alexandre Malaquias, Daniel Nunes (Cabeça), Daniel Vargas, Gerson Ortega, Gilberto Conceição (Giba), Saimon Saldanha e Samuel Oliveira. Os vocais foram feitos por: Adelei Schimitt, Carmélia Tonin, Eduardo Flor e Lígia Rosana Borba. Os convidados, ministros de louvor como eu, foram: Adhemar de Campos, Alda Célia, Ana Paula Valadão, Christie Tristão, Daniel Souza, Fernanda Brum, Gerson Ortega, Ludmila Ferber, Massao Suguihara, Paulo Figueiró e Sóstenes Mendes. Somado a isso, tivemos os inspirativos momentos de dança com Luciana Torres e Companhia Rhema de Goiânia e o programa inteiro abrilhantado por um coral voluntário de cerca de trezentos irmãos vindos de vários estados do Brasil. Todos participaram comigo de tudo o que eu desejava expressar naquele dia tão marcante de minha jornada e deixo aqui expresso o quanto sou grato a cada um! A Deus seja toda a honra e a glória. Aleluia!

A canção *Rastros de amor*, como um testemunho pessoal, sintetiza a experiência de muitos homens e mulheres de Deus, os quais, como eu, seguem os rastros de amor do Senhor e deixam marcas bem firmes, que outros também podem seguir. Soube de diversos pastores que viram nessa poesia a expressão de sua jornada no ministério junto ao rebanho de Cristo.

A música foi gravada ao vivo, no dia 23 de junho de 2011, no CD/DVD *Rastros de Amor – 35 Anos de Ministério*, lançado no mesmo ano pela Som Livre. Em 2013, ganhou uma versão no italiano. No início de 2019, recebi a canção *Orme di Amor* (Pegadas de amor) em uma nova versão no italiano feita por Luciano Niccolai, a qual foi o tema do encontro de homens realizado em janeiro desse ano, pela Chiesa Cristiana Gesù è il Signore (Igreja Cristã Jesus é o Senhor), do município de Pieve a Nievole, região da Toscana, na Itália.

Rastros de amor

- Ano: 2011
- Compositor: Asaph Borba
- Gravação: CD/DVD *Rastros de Amor*

Quando a fé se torna amor

Quando recebi o diploma do curso de Jornalismo, em fevereiro de 2012, tive o desejo de dar ao Senhor as primícias de tudo o que eu havia aprendido e conquistado nos quatro intensos e frutíferos anos que passei na universidade. Veio-me à mente a possibilidade, que era um antigo sonho, de escrever um livro. Como tinha tomado gosto por escrever, fiquei empolgado. Então, peguei meus antigos escritos sobre adoração, há anos guardados em uma gaveta, e passei a reescrevê-los de forma mais criteriosa. Aproveitando um período de férias chuvosas em um sítio, no meio de montanhas nos arredores de Belo Horizonte, em Minas Gerais, decidi pôr mãos à obra.

Logo que terminei o esboço principal, mostrei-o aos meus amigos; primeiro, ao editor Claudinei Franzini, de São Paulo, e, depois, ao músico, compositor, escritor e jornalista mineiro Atilano Muradas.

Em poucos meses, o trabalho ficou pronto. Então, Claudinei deu a feliz sugestão de incluir um CD com músicas tocadas ao violão e cantadas por mim, o que agregaria valor ao projeto, explorando o fato de eu ser mais conhecido como músico. Gostei da ideia e convidei o parceiro de tantos anos, o violonista João

Batista dos Santos, para a empreitada. Marcamos vários dias de estúdio, e o trabalho, a cada semana, tomava corpo.

Certo dia, recebi de Deus a confirmação para o nome do livro. Durante uma pregação minha em São Paulo, na Igreja Bíblica da Paz, do querido amigo Edson Rebustini, expressei que adoração era quando a nossa fé se tornava amor. Naquele momento, os dizeres "Adoração: quando a fé se torna amor" me saltaram a mente, representando tudo o que eu desejava transmitir no projeto. Produzi até um capítulo extra no livro com esse título, para enfatizar aquilo que eu desejava expressar.

Quase no final das gravações, aproveitei um dia de sol e céu azul, em pleno outono do mês de maio, para ir mais cedo ao estúdio e preparar as últimas canções do CD que acompanharia o livro. Ainda na parte externa, no pátio do estúdio, que é um ambiente bem agradável, com muitas plantas e algumas árvores frutíferas, tive uma inspiração repentina e cantei: "Contigo o dia é bonito!" Então, de maneira fluente e rápida, compus tanto a letra como a melodia da canção, que seria o tema do projeto, feita com exclusividade para ele.

> *Contigo o dia é bonito,*
> *O sol está sempre a brilhar*
> *Com raios de vida e esperança,*
> *Assim eu me ponho a cantar*
> *Sinto que me renovas*
> *Com muita alegria e louvor*
> *Então, só me resta adorar-te:*
> *Minha fé se torna amor!*
>
> *Decido viver para ti*
> *Em cada momento e lugar*
> *Ser tua mão estendida*
> *Para o mundo alcançar*
> *Assim eu percebo o sorriso,*
> *Vejo as lágrimas e a dor*
> *De quem tu colocas ao meu lado,*
> *Pois a fé se torna amor!*

Verdadeira adoração que brota de um coração
Que vive pra glória de Deus, para sua honra e louvor
Verdadeira adoração que é fruto de comunhão
Lá no lugar secreto, onde a fé se torna amor
Lá no lugar secreto, onde a fé se torna amor
No meu lugar secreto, onde a fé se torna amor!

Quando João Batista chegou ao estúdio, a música já estava pronta, e rapidamente o arranjo surgiu, sendo gravada de imediato. Trata-se de uma canção nascida de uma inspiração do Espírito Santo em uma tarde bonita e inesquecível, marcada por uma revelação de Deus.

O livro *Adoração: quando a fé se torna amor* foi lançado em 2012, pela Rádio Trans Mundial do Brasil (RTM). O CD do livro também foi disponibilizado separadamente pela gravadora Som Livre nas plataformas digitais, com o mesmo nome desta canção: *Quando A Fé Se Torna Amor*. A música também fez parte do CD *O Centro de Todas as Coisas*, da Som Livre, em 2014.

Em 2015, o livro foi lançado em língua inglesa nos Estados Unidos, pela editora Whitaker House, como *A Life of Worship: When Faith Becomes Love*, e o CD que o acompanha teve as versões em inglês de todas as canções, bem como a gravação de voz delas, realizadas por meu parceiro de ministério Don Stoll. Em 2017, o livro *Adoração: quando a fé se torna amor* foi, junto com o CD, relançado pela editora Thomas Nelson Brasil.

Quando a fé se torna amor

- Ano: 2012
- Compositor: Asaph Borba
- Gravações: CD do livro *Adoração: quando a fé se torna amor*; CD *O Centro de Todas as Coisas*; CD do livro *A Life of Worship: When Faith Becomes Love* (versão em inglês)

CANÇÃO 58

O que eu quero ser

Em fevereiro de 2013, fui com toda a família para os Estados Unidos; sem dúvida, um período muito especial em que juntamos trabalho, lazer, cultura e compras. Viajamos pela Flórida, bem ao sul, depois passamos por Illinois e Iowa, no centro do país, e, por último, chegamos às geladas cidades de Nova York e Washington, visto que estávamos em pleno inverno no Hemisfério Norte.

A melhor parte de toda a jornada foi a comunhão entre nós e também com os irmãos, tanto brasileiros quanto norte-americanos. Além disso, tivemos a oportunidade ímpar, como família, de partilhar intensamente o amor de Deus por onde passamos. Demos nosso testemunho a um homem afastado dos caminhos do Senhor em uma praia da Flórida, compartilhamos a Palavra com um motorista de táxi turco em Nova York, bem como ministramos a pessoas que precisavam do carinho e do abraço do Pai nas mais de quinze igrejas visitadas.

Depois de cerca de 40 dias de viagem, voltei ao Brasil para trazer a família e passei uma semana de folga. Então, regressei aos Estados Unidos, onde fiquei por mais duas semanas, para cumprir a extensa agenda de compromissos naquele país. Ao chegar, fui direto para a casa de um amigo, o pastor Juliano Sóccio, que morava próximo a Boston, onde eu ficaria hospedado. No dia seguinte à minha chegada, caiu uma tempestade de neve que me prendeu ali por quatro dias. Cerca de oitenta centímetros de gelo trancavam as portas da casa e as estradas estavam cobertas de neve. A ordem geral da defesa civil era que as pessoas ficassem em suas casas até o clima melhorar e as estradas se tornassem trafegáveis.

Foi assim que me pus a compor, escrever e ler. Revisei a versão inglesa do meu livro de adoração e esbocei quase duas dezenas de meditações sobre o livro de Salmos. Porém, o que mais recordo desse retiro forçado, foi o quanto pude pensar em minha vida e ministério. Preciso confessar que as muitas viagens, a correria e o excesso de eventos estavam me desgastando em demasia e deixando pouco tempo para outras coisas, como essas que eu estava fazendo com intensidade naqueles dias.

Comecei a compor uma série de cânticos, que fluíam naturalmente. Alguns deles me chamaram a atenção em especial, pois mexiam com a minha visão do ministério, das prioridades e de mim mesmo. Entre eles, uma letra com jeito de desabafo foi criando forma: escrevi o que eu não gostaria mais de fazer, ao mesmo tempo que pensava em como gerar transformações permanentes para que o propósito de Deus se realizasse com mais fluência em minha vida. Lembrei a palavra do amigo Jorge Himitian, pastor na Argentina: "Muito além de sermos usados por Deus, temos que ser, sim, aprovados por ele." Desse modo, nasceram os versos a seguir:

Eu não quero mais apenas ser um instrumento
Usado por ti, Senhor
Mas quero ser um obreiro aprovado,
Aprovado por ti, Jesus

Eu não quero mais andar de evento em evento
Pensando em servir a ti, Senhor
Quero ser um obreiro aprovado,
Aprovado por ti, Jesus!

Não quero mais viver de agenda em agenda,
Cansado esperando o tempo passar
Mas quero ser intensamente Igreja,
Que vive em amor e comunhão
Não quero ter alvos pequenos e curtos
Que, como a palha, se perdem ao vento
Mas quero investir no eterno,
Naquilo que tem celestial sustento!

Chorar pelas vidas perdidas, de novo sentir emoção
Ser inspirado por tua Palavra e verdade
Mudar muita coisa dentro de mim, alargar o meu coração
Ouvir tua voz com pureza e sinceridade!

Quero ser tuas mãos, quero ser teus pés
Trilhar os teus passos, quero ser tua voz
Ser um alento aos pequeninos
Um abrigo aos peregrinos!

Quero ser tuas mãos, quero ser teus pés
Trilhar os teus passos, quero ser tua voz
Ter sempre água fresca pra oferecer
Pra todo aquele que vier beber
Quero ser igual a ti, Jesus!

Mas terei que morrer pra mim mesmo
Abrir mão de desejos, prazeres e planos
Meu amor, mesmo sendo pequeno
Tem que amar o teu reino em primeiro lugar
Com simplicidade de coração, com fidelidade de ações
Com integridade de vida e intenções, te adorar, Senhor!

Pra levar a verdade, eu sei
Terei que romper com a escuridão
Vou ter que quebrar com o silêncio reinante
E mostrar tua presença e tua glória ao mundo
Com simplicidade de coração, com fidelidade de ações
Com integridade de vida e intenções, te adorar, Senhor!

Foi, sem dúvida, a letra de música mais longa que já escrevi, também uma das mais profundas. Quando voltei a Porto Alegre, comecei a preparar o projeto do novo disco, o CD *O Centro de Todas as Coisas*. A maioria das canções escolhidas foram compostas naquele período de reclusão, inclusive a música tema, escrita em parceria com Juliano. Quando fui revisar o material, encontrei esses versos, que ainda não havia musicado. Sem hesitar, sentei-me ao piano, e a melodia foi surgindo. Nos dias seguintes, já no estúdio trabalhando com nosso arranjador e amigo Alexandre Paz, inusitadamente eu terminei de compor a música, que a princípio nem estava no projeto.

Desenvolvemos juntos o arranjo no piano e a incluímos na gravação. Nossa gerente e também fotógrafa, Susie Ungaretti, fez um vídeo enquanto gravávamos o áudio de piano e o canal de voz. Em cerca de uma hora e meia, a música estava pronta, registrada na versão do CD e já nas mídias sociais, em áudio e vídeo!

O CD *O Centro de Todas as Coisas* foi lançado em 2014, pela gravadora Som Livre.

O que eu quero ser

- Ano: 2013
- Compositor: Asaph Borba
- Gravação: CD *O Centro de Todas as Coisas*

Toquei nas suas vestes

Na semana em que fiquei recluso na casa do amigo Juliano Sóccio, nos Estados Unidos, por causa de uma tempestade de neve, dediquei-me a escrita de devocionais diários, inspirados no livro de Salmos, e comecei a ler intensamente sobre a vida e a obra de Jesus nos Evangelhos. Um dos milagres que me chamou especialmente a atenção foi o da cura da mulher hemorrágica, em Marcos 5:25-34.

Logo que a neve baixou, tive a oportunidade de renovar a comunhão com um querido casal, Reginaldo e Renata Parron, que conheço e pastoreio há mais de vinte anos. Eles moram com seus dois filhos em uma cidade perto do local onde eu estava. E foi na casa deles, durante esta visita, na qual pernoitei, que iniciei uma poesia baseada nesse texto de Marcos.

No dia seguinte, ao regressar para o meu *bunker* nevado na casa de Juliano, pois meu quarto era no porão da residência, a ideia se ampliou. A canção começou a tomar forma à medida que eu imaginava como estaria o coração daquela mulher ao aproximar-se de Jesus: a enfermidade que a tornava imunda, o desespero, a insegurança, o preconceito que sofria constantemente;

mas, acima de tudo, a coragem. Mesmo com as barreiras sociais, o sentimento de desvalia e a possível fraqueza, seu coração disse: "Vá! Vá em frente!"

A letra da música nasceu como uma espécie de narrativa da protagonista, alvo dessa cura milagrosa. No texto, Jesus liberou virtude ao ter as vestes tocadas por alguém com fé verdadeira: "Jesus, reconhecendo imediatamente que dele saíra poder, virando-se no meio da multidão, perguntou: Quem me tocou nas vestes?" (Marcos 5:30). Foi assim que a poesia definiu-se para mim.

> *Quando Jesus passou, me apressei porque sabia*
> *Não tinha mais esperança, não tinha mais alegria*
> *Quando Jesus passou em meio à grande multidão*
> *Só o que eu escutava era o bater do meu coração*
> *Dizendo: vai!*
> *Contra todo impedimento*
> *Dizendo: vai!*
> *Apesar do sofrimento*
> *Dizendo: vai!*
> *Não limites tua fé*
> *Por isso, vai! Por isso, vai!*
>
> *Então, toquei nas suas vestes e dele saiu virtude*
> *Sim, eu toquei nas suas vestes e dele saiu poder*
> *Que transformou a minha vida, mudou todo o meu ser*
> *Ele curou minhas feridas, mudou o meu viver*
> *Quando toquei nas vestes de Jesus!*

Meses mais tarde, quando começamos a preparar os arranjos das canções para o novo disco, lembrei-me de uma amiga, a cantora Fernanda Brum, que eu tinha encontrado em Manaus, pouco tempo antes. Ela estava sofrendo com uma enfermidade, mas, depois de orar, tivemos a certeza de que o Senhor faria mais um milagre em sua vida. Então, com o cântico em mãos, pensei: "Se eu tiver a oportunidade, vou pedir que a Fernanda o cante."

Alguns meses depois, estando em Recife com minha Rosana, soubemos que a Fernanda também visitava a cidade. Logo fomos ao seu encontro. Assim que nos viu, contou-nos que havia sido curada por Deus. Imediatamente recordei-me da música e do desejo que havia tido. Então, apresentei a canção para Fernanda e convidei-a para interpretá-la em nosso novo disco, e ela prontamente aceitou, sendo liberada por sua gravadora.

Pude ver, no trabalho finalizado, a graça de Deus ao juntar um milagre do passado e outro do presente, em uma canção que promove fé e esperança em todo aquele que crê!

Toquei nas suas vestes fez parte do CD *O Centro de Todas as Coisas*, que foi lançado em 2014 pela gravadora Som Livre.

Toquei nas suas vestes

- Ano: 2013
- Compositor: Asaph Borba
- Gravação: CD *O Centro de Todas as Coisas*

Espírito Santo

Naquela segunda-feira, o dia amanheceu chuvoso no Rio de Janeiro. Depois de ter participado, no domingo, de duas reuniões abençoadas na Igreja Maranata, no bairro da Tijuca, eu ainda iria, à noite, na Maranata de Copacabana. Na terça-feira, ministraria na Maranata da cidade de Duque de Caxias, na Região Metropolitana do Rio. Meus amigos, os pastores Paulo Cesar e Claudete Brito, como sempre, hospedaram-me no "cantinho do profeta", agora já uma aconchegante suíte nas novas dependências da igreja. Naquela manhã, a vontade era descansar. O trânsito caótico da Cidade Maravilhosa costuma ficar pior com a chuva, de modo que o ímpeto de sair era rapidamente anulado, quando se espiava a rua engarrafada em meio ao aguaceiro.

Tomei café e, após um tempo de leitura, peguei o violão, abri o computador e passei a cantar vários esboços de músicas para o próximo disco que pretendia gravar. Após estruturar umas quatro músicas, voltei o pensamento ao Espírito Santo. Fiquei em verdadeiro êxtase só de pensar na presença pura desse agente maravilhoso de Deus em nossas vidas. Assim, comecei a escrever sobre o que vinha ao meu coração.

ESPÍRITO SANTO   **277**

A poesia simples, mas profunda, enaltecia aquele que, na Bíblia, é chamado de consolador, fogo, poder, além de tantos outros predicados. A melodia logo surgiu também, cuja inspiração veio de uma linda canção de mesmo nome, composta e interpretada pela amiga Fernanda Brum em seu CD *Quebrantado Coração*, de 2002, que ouvimos incessantemente durante as nossas férias de verão.

Já em casa, poucos meses depois, durante a preparação final dos arranjos do novo disco, terminei a música. Na mesma semana, fui ao estúdio com os músicos para gravar o arranjo instrumental dela, etapa em que ainda ampliei a canção. A simplicidade melódica e harmônica contrastava com a profundidade da letra. Vale ressaltar que esta é apenas a segunda canção que compus, em toda a minha história, sobre o amado Espírito Santo.

> *Espírito Santo, és sempre bem-vindo*
> *A tua presença transforma e eleva!*
> *Espírito Santo, não há nada mais lindo*
> *Que ver tua luz rompendo as trevas!*
>
> *Sou renovado, sou transformado*
> *Meu corpo, alma e espírito se rendem a Deus!*
> *Eu sou curado, sou abençoado*
> *Meu corpo, alma e espírito se rendem a Deus!*
>
> *Espírito Santo, consolador*
> *Santa promessa, batismo e poder!*
> *Espírito Santo, fonte de amor*
> *Dádiva eterna, me faz viver!*
>
> *Espírito Santo, preciso de ti!*

Entretanto, a história dessa música não se encerra em sua composição. Na mesma semana em que terminei de escrevê-la, fui à Comunidade Cristã de Lajeado, cidade a 113 quilômetros de Porto Alegre. Antes da reunião, enquanto passava o som, ensinei-a aos músicos. Ao terminar o rápido ensaio, vi que um homem entrou apressadamente no local e vinha em minha direção com uma tela pintada e emoldurada:

— Oi, Asaph! Eu estava em casa e senti o desejo de te trazer esse meu quadro — ele disse. — Meu filho me contou que hoje estarias na cidade.

Totalmente desconhecido para mim, ele sequer era da congregação, veio antes da hora, pois não poderia ficar para o culto. A tela com a qual me presenteou, pintada em 2009, era toda em tons de azul e branco, e tinha o nome de Açude com Pinheiros. A pintura mostrava, de forma singela e bem elaborada, a cena matinal de um jorrar de águas correndo entre pinheiros típicos da região serrana do Rio Grande do Sul. O pintor, que se identificou como Edison Mayer, foi reconhecido por alguns irmãos, que o convidaram insistentemente para que ficasse, mas reforçou que não poderia permanecer, pois tinha outro compromisso assumido. Então, ele declarou enfaticamente, antes de retirar-se:

— Eu só não podia deixar de vir!

Instantes depois, Mônica, esposa do pastor local, Luís Henrique Koefender, contou-me que, naquela mesma semana, Deus lhe havia mostrado um versículo no Salmo 65:9, em que Davi declara: "Tu visitas a terra e a regas; tu a enriqueces copiosamente; os ribeiros de Deus são abundantes de água".

Através desse acontecimento, o mover do Espírito Santo direcionou toda a reunião. O texto de João 7:37-39, serviu de base bíblica para o que experimentamos naquela noite:

> No último dia, o grande dia da festa, levantou-se Jesus e exclamou: Se alguém tem sede, venha a mim e beba. Quem crer em mim, como diz a Escritura, do seu interior fluirão rios de água viva. Isto ele disse com respeito ao Espírito que haviam de receber os que nele cressem; pois o Espírito até aquele momento não fora dado, porque Jesus não havia sido ainda glorificado.

Assim, esse cântico foi ensinado em um culto, pela primeira vez, e naquela congregação. Um verdadeiro fluir divino de águas vivas tomou o lugar. Sem dúvida, a igreja foi regada pelas águas do Espírito Santo, as quais, na abençoada noite, jorraram por sobre todos os que ali se encontravam.

Novamente no Rio, em uma visita ao pastor Paulo Brito, mostrei-lhe a canção e contei sua história. Então, ele sugeriu-me que trocasse a expressão "graça e poder", como eu havia escrito, por "batismo e poder". De imediato, a mudança testificou em meu coração.

Com isso, a letra da canção foi definitivamente concluída e, como seu arranjo instrumental já estava gravado, Rosana e eu colocamos nossas vozes, como uma oração e testemunho da obra do Espírito Santo em nossas vidas e no meio da Igreja. Esta foi a última música incluída no disco *Graça, a Resposta de Deus*, nosso lançamento de 2018.

Espírito Santo

- Ano: 2017
- Compositor: Asaph Borba
- Gravação: CD *Graça, a Resposta de Deus*

Epílogo

Acabo de completar sessenta anos. Por mais de quatro décadas, componho para Deus. Em minhas orações, peço que eu nunca deixe de ouvir o céu cantar. Quero continuar a ser, nas mãos do meu Senhor, um instrumento singelo, mas fiel, escrevendo músicas que venham de Deus e sejam para a glória dele, assim como tantos já fizeram e outros ainda o fazem nos dias atuais. Homens do Antigo e do Novo Testamento como Moisés, Davi, Salomão, os filhos de Corá, Isaías, Habacuque e Paulo; além de Lutero, Bach, Händel, Charles Wesley e centenas e milhares de salmistas, como eu, que desde os tempos bíblicos até a era pós-moderna de hoje, tem transformado alegrias ou tristezas, vitórias ou frustrações, ganhos ou perdas, lágrimas ou adoração em hinos de louvor. Melodias e poesias feitas com o propósito de nos conduzir à comunhão com o eterno Deus, o amado filho Jesus e o doce Espírito Santo.

Contei a história por trás de sessenta das mais relevantes canções de minha caminhada. Procurei enfatizar não apenas o ato da composição das melodias, dádivas de Deus ao meu coração, mas principalmente as poesias, retiradas literalmente da Bíblia ou embasadas nela, que é a fonte dos meus princípios de vida e de conduta. Mesmo as letras que destacam sentimentos e experiências pessoais, são balizadas pela doutrina cristã e fruto do intenso cuidado que tenho com a formação do caráter de Cristo em mim, buscando ouvir e aprender com o Espírito Santo e com meus pastores e líderes, aqui bastante citados.

Alegro-me por ter podido contar as experiências e histórias de minha vida aqui mencionadas. Junto com as canções, elas são os meus "cantos e contos" verídicos, como meu amigo Rodolfo Montosa chamou os meus esboços, quando lhe cantei e contei algumas partes. Esforcei-me como pude para (re)lembrá-las, buscando na memória, em muitos arquivos pessoais, no grande acervo das canções em áudio e vídeo, nas muitas agendas antigas, em intensa pesquisa na internet, além dos oito passaportes todos carimbados que guardo com carinho, como registro e testemunho do que Deus pode fazer com alguém que se dispõe em suas mãos.

Para isso, contei com o imenso trabalho daquela que há trinta e seis anos é parte inseparável da minha vida e ministério, que o Senhor comissionou para comigo cumprir o chamado de levantar na Terra um exército de adoradores que adorem ao Pai em espírito e em verdade, minha amada esposa Rosana. Foi também precioso, gratificante e inspirador consultar a família, alguns pastores e líderes, muitos amigos e irmãos na fé para conferir com mais precisão os fatos e, assim, valorizar o tesouro que tenho de poder ainda tê-los próximos a mim.

Espero, nos próximos anos, ter mais histórias para contar, bem como relembrar tantas outras que, como as aqui apresentadas, têm relevância em minha jornada.

Consagro este trabalho ao querido Senhor Jesus, eterna fonte de inspiração e, por que não dizer, coautor da narrativa, pois sem ele nada disso seria possível. Finalizo fazendo minhas as palavras dos fihos de Corá no Salmo 45:1,2:

> De boas palavras transborda o meu coração. Ao Rei consagro o que compus; a minha língua é como a pena de habilidoso escritor. Tu és o mais formoso dos filhos dos homens; nos teus lábios se extravasou a graça; por isso, Deus te abençoou para sempre.

Obrigado, Senhor Jesus! Que este trabalho edifique e inspire tantos quantos o lerem! A Deus toda a glória!

ASAPH BORBA

Álbum do livro

Canção 1: Cristo, esta chuva que cai
Intérprete: Asaph Borba / Violão: João Batista dos Santos

Canção 2: Jesus, vem agora
Intérprete: Asaph Borba / Violão: João Batista dos Santos

Canção 3: Verdade e luz
Versão: CD *Ao Nome de Jesus*
Intérpretes: Asaph e Lígia Rosana Borba e Vocal Life

Canção 4: *Selah* (Salmo 67)
Versão: CD *Os Primeiros Anos – Vol.2*
Intérpretes: Asaph Borba, Don Stoll e Vocal Americano

Canção 5: Amor – 1Coríntios 13 (Ainda que eu fale)
Versão: CD do livro *Adoração: quando a fé se torna amor*
Intérprete: Asaph Borba

Canção 6: Eis que estou à porta e bato
Versão: CD *Semelhantes a Jesus*
Intérpretes: Asaph Borba e Vocal Life

Canção 7: Irmãos e irmãs
Versão: CD *Os Primeiros Anos – Vol.1*
Intérpretes: Asaph Borba, Carmélia Tonin, Bob e Lottie Spencer

Canção 8: Na estrada de Jerusalém (Que posso eu fazer)
Versão: CD *Os Primeiros Anos – Vol.1*
Intérpretes: Conjunto Gottfridson

Canção 9: Profecia (Meu Santo Espírito)
Versão: CD *Profetiza*
Intérpretes: Asaph Borba, Carmélia Tonin e Vocal Life

Canção 10: Tu és Senhor (Senhor, me alegro em ti)
Versão: CD *Jubileu – 25 Anos de Louvor & Adoração*
Intérpretes: Asaph Borba e André Nascimento

Canção 11: Ensina-me
Versão: CD *Álbum Duplo – Restauração 1&2*
Intérpretes: Carmélia Tonin e Vocal Life

284 A HISTÓRIA POR TRÁS DA MÚSICA

Canção 12: Minha vida em teu altar (Coloco minha vida)
Versão: CD *Álbum Duplo – Restauração 1&2*
Intérpretes: Lígia Rosana Borba e Vocal Life

Canção 13: Aleluia (Canto a ti, Senhor, esta canção)
Versão: CD *Salmos – Primeiros Anos 3*
Intérpretes: Vocal Life

Canção 14: O meu louvor (O meu louvor é fruto)
Versão: CD *Os Primeiros Anos – Vol.1*
Intérpretes: Asaph Borba, Carmélia Tonin, Bob e Lottie Spencer

Canção 15: Adoramos
Versão: CD *Salmos – Primeiros Anos 3*
Intérpretes: Asaph e Lígia Rosana Borba e Vocal Life

Canção 16: Estou edificando a minha Igreja
Versão: CD *Salmos – Primeiros Anos 3*
Intérpretes: Vocal Life

Canção 17: Eis-me aqui
Versão: CD *Álbum Duplo – Restauração 1&2*
Intérpretes: Asaph Borba e Vocal Life

Canção 18: Minh'alma engrandece (Santo)
Versão: CD *Jubileu – 25 Anos de Louvor & Adoração*
Intérprete: Gerson Ortega

Canção 19: Canto de vitória
Versão: CD *Mais Que Palavras*
Intérprete: Carmélia Tonin

Canção 20: Jesus, em tua presença (Só pra te adorar)
Versão: CD *Álbum Duplo – Restauração 1&2*
Intérpretes: Paulo Figueiró e Vocal Life

Canção 21: Cordão de três dobras (É melhor serem dois do que um)
Intérpretes: Asaph e Lígia Rosana Borba / Violão: João Batista dos Santos

Canção 22: Reina o Senhor (Salmo 99)
Versão: CD *Salmos – Primeiros Anos 3*
Intérpretes: Vocal Life

Canção 23: O Senhor é o meu pastor (Salmo 23)
Versão: CD *Salmos – Primeiros Anos 3*
Intérpretes: Vocal Life e Asaph Borba

Canção 24: Pequeninos
Intérprete: Asaph Borba / Violão: João Batista dos Santos

ÁLBUM DO LIVRO **285**

Canção 25: Alto preço
Versão: CD *Jubileu – 25 Anos de Louvor & Adoração*
Intérpretes: Asaph Borba, Alda Célia, Bené Gomes e Everton Tonin

Canção 26: Infinitamente mais
Versão: CD *30 Anos de Louvor e Adoração*
Intérpretes: Adhemar de Campos e Asaph Borba

Canção 27: Povo livre (Nós somos o povo)
Versão: CD *Jubileu – 25 Anos de Louvor & Adoração*
Intérprete: Everton Tonin

Canção 28: Dia de júbilo (Este é o dia)
Versão: CD *Álbum Duplo – Restauração 3&4*
Intérpretes: Asaph Borba, Carmélia Tonin e Vocal Life

Canção 29: Te contemplo, ó Pai (Te contemplo)
Versão: CD *Jubileu – 25 Anos de Louvor & Adoração*
Intérpretes: Asaph e Lígia Rosana Borba

Canção 30: Jesus, a rocha eterna (Rocha eterna)
Versão: CD *Ao Nome de Jesus*
Intérpretes: Carmélia Tonin, Asaph Borba e Vocal Life

Canção 31: Amigo verdadeiro (Tu és a fonte de vida)
Versão: CD *Ao Nome de Jesus*
Intérpretes: Asaph Borba e Vocal Life

Canção 32: Serviço (Quando olho pra mim mesmo)
Versão: CD *Família, um Projeto de Deus*
Intérprete: Marelísia Dias

Canção 33: Joguem as redes no mar
Versão: CD *Bridges of Love*
Intérpretes: Asaph e Lígia Rosana Borba e Vocal Life

Canção 34: Família, um projeto de Deus
Versão: CD *Família, um Projeto de Deus*
Intérpretes: Asaph Borba e Vocal Life

Canção 35: *Yeshua Ha Mashiah* (Ieshuah Ha Mashiah)
Versão: CD *O Centro de Todas as Coisas*
Intérpretes: Asaph Borba e Vocal Life

Canção 36: Jesus
Versão: CD *Igreja Viva – Vol.1*
Intérprete: Daniel Souza

Canção 37: Nos braços do meu Pai
Versão: CD *Laços de Amor*
Intérpretes: Asaph, Rosana, Aurora e André Borba

Versão: CD *Igreja Viva – Vol.1*
Intérpretes: Asaph Borba e Everton Tonin

Canção 38: Superabundante graça
Versão: CD *Igreja Viva – Vol.1*
Intérpretes: Asaph Borba e Everton Tonin

Canção 39: Você é importante pra Deus (Sua vida é pra Deus)
Versão: CD *Igreja Viva – Vol.1*
Intérpretes: Asaph Borba e Everton Tonin

Canção 40: Eu e a minha casa
Versão: CD do livro *De um pai para seus filhos*
Intérprete: Asaph Borba

Canção 41: Há muito mais
Versão: CD *A Cada Manhã*
Intérpretes: Asaph Borba e Vocal Life

Canção 42: Ano do jubileu (Este é o ano do jubileu)
Versão: CD *Adoradores*
Intérpretes: Fernandinho, Asaph Borba e Vocal Life

Canção 43: Deus é fiel
Versão: CD *Erguei os Vossos Olhos*
Intérpretes: Asaph Borba e Vocal Life

Canção 44: A cada manhã
Versão: CD *A Cada Manhã*
Intérpretes: Asaph Borba, Carmélia Tonin e Vocal Life

Canção 45: Melhor é dar
Versão: CD *A Cada Manhã*
Interprétes: Asaph Borba e Vocal Life

Canção 46: Agora eu posso entrar
Versão: CD *A Cada Manhã*
Intérpretes: Asaph Borba e Vocal Life

Canção 47: Vestes de louvor
Versão: CD *Eu Escolhi Jesus*
Intérpretes: Asaph e André Borba e Vocal Life

Canção 48: Eu nasci para adorar
Versão: CD *Vestes de Louvor*
Intérpretes: Lígia Rosana Borba, Ghadeer Yaser-Hijazeen
e Vocal Life

Canção 49: Boas-novas
Versão: CD *Vestes de Louvor*
Intérpretes: Asaph Borba e Vocal Life

ÁLBUM DO LIVRO **287**

Canção 50: Aos seus amados, Deus dá enquanto dormem
Versão: CD *Vestes de Louvor*
Intérpretes: Asaph Borba e Vocal Life

Canção 51: Meu coração é teu (Quanto ao Senhor)
Versão: CD *Semelhantes a Jesus*
Intérpretes: Asaph e Lígia Rosana Borba e Vocal Life

Canção 52: A chama nunca se apaga
Versão: CD *A Chama Nunca se Apaga*
Intérpretes: Asaph e Lígia Rosana Borba e Vocal Life

Canção 53: Não deixes teu sonho morrer
Versão: CD *Quero Ser Encontrado Fiel*
Intérpretes: Asaph e Lígia Rosana Borba e Vocal Life

Canção 54: Deixa a tua luz brilhar
Versão: CD *Quero Ser Encontrado Fiel*
Intérpretes: Asaph Borba e Vocal Life

Canção 55: Quero ser encontrado fiel
Versão: CD *Quero Ser Encontrado Fiel*
Intérpretes: Asaph Borba, Fernandinho e Vocal Life

Canção 56: Rastros de amor
Versão: CD *Rastros de Amor*
Intérpretes: Asaph Borba e Vocal Life

Canção 57: Quando a fé se torna amor
Versão: CD *O Centro de Todas as Coisas*
Intérprete: Asaph Borba

Canção 58: O que eu quero ser
Versão: CD *O Centro de Todas as Coisas*
Intérprete: Asaph Borba

Canção 59: Toquei nas suas vestes
Versão: CD *O Centro de Todas as Coisas*
Intérpretes: Fernanda Brum, Asaph Borba e Vocal Life

Canção 60: Espírito Santo
Versão: CD *Graça, a Resposta de Deus*
Intérpretes: Asaph e Lígia Rosana Borba e Vocal Life

Este livro foi impresso em 2019, pela Assahi,
para a Thomas Nelson Brasil. A fonte usada
no miolo é Cambria corpo 11,5.
O papel do miolo é pólen soft 80 g/m².